CURSO DE DIREITO EMPRESARIAL

SÉRIE CURSOS DE DIREITO

Daniel Francisco Nagao Menezes

CURSO DE DIREITO EMPRESARIAL

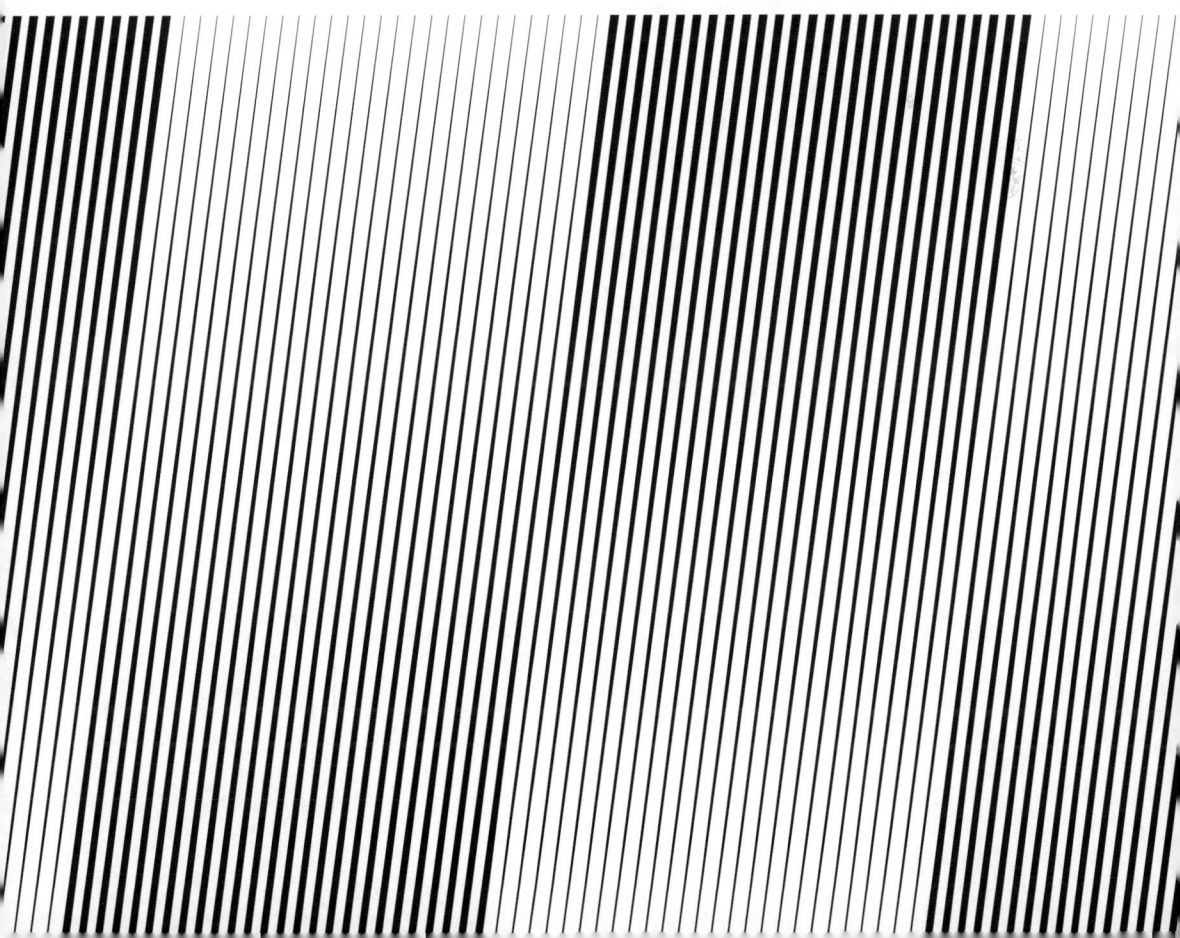

Rua Clara Vendramin, 58 ■ Mossunguê
CEP 81200-170 ■ Curitiba ■ PR ■ Brasil
Fone: (41) 2106-4170
www.intersaberes.com
editora@intersaberes.com

Conselho editorial Dr. Alexandre Coutinho Pagliarini ■ Dr.ª Elena Godoy ■ Dr. Neri dos Santos ■ M.ª Maria Lúcia Prado Sabatella
Editora-chefe Lindsay Azambuja
Gerente editorial Ariadne Nunes Wenger
Assistente editorial Daniela Viroli Pereira Pinto
Edição de texto Tiago Krelling Marinaska
Capa Iná Trigo
Projeto gráfico Sílvio Gabriel Spannenberg
Designer **responsável** Sílvio Gabriel Spannenberg
Diagramação Fabrício Tacahashi
Iconografia Regina Claudia Cruz Prestes

Dados Internacionais de Catalogação na Publicação (CIP)
(Câmara Brasileira do Livro, SP, Brasil)

Menezes, Daniel Francisco Nagao
   Curso de direito empresarial / Daniel Francisco Nagao Menezes. — Curitiba, PR : InterSaberes, 2025. — (Série cursos de direito)

   Inclui bibliografia.
   ISBN 978-85-227-1688-3

   1. Direito empresarial I. Título. II. Série.

25-252351   CDU-34:338.93

Índices para catálogo sistemático:
1. Direito empresarial 34:338.93

Cibele Maria Dias – Bibliotecária – CRB-8/9427

1ª edição, 2025.
Foi feito o depósito legal.
Informamos que é de inteira responsabilidade do autor a emissão de conceitos. Nenhuma parte desta publicação poderá ser reproduzida por qualquer meio ou forma sem a prévia autorização da Editora InterSaberes.
A violação dos direitos autorais é crime estabelecido na Lei n. 9.610/1998 e punido pelo art. 184 do Código Penal.

Sumário

Apresentação   9

Capítulo 1
Relação entre economia, Estado e atividade produtiva   11
1.1 Funções do Estado   13
1.2 Atividade produtiva e a interação com o Direito   18
1.3 O papel do Direito na mediação das relações econômicas   23

Capítulo 2
Formação e evolução do Direito Empresarial no mundo e no Brasil   27
2.1 Origens históricas do Direito Empresarial   28
2.2 Teoria subjetiva no Direito Empresarial   35
2.3 Teoria objetiva no Direito Empresarial   38

Capítulo 3
Empresas individuais no Direito brasileiro   43
3.1 Empresário individual   46
3.2 Microempreendedor individual (MEI)   47
3.3 Empresa individual de responsabilidade limitada (Eireli) e sociedade limitada unipessoal (SLU)   49
3.4 Comparação entre os tipos de empresas individuais   51

Capítulo 4
Teoria geral da empresa: fundamentos e evolução no Direito contemporâneo   53
4.1 O estabelecimento comercial no Direito Empresarial brasileiro   55
4.2 Aviamento e clientela no Direito Empresarial brasileiro: aspectos teóricos e práticos   58
4.3 Bens do estabelecimento comercial: uma análise jurídica e econômica   61
4.4 Registro de empresas no Direito brasileiro: aspectos jurídicos e relevância prática   63
4.5 Nome empresarial: aspectos jurídicos e proteção   65
4.6 Teoria da empresa no Direito comparado   67

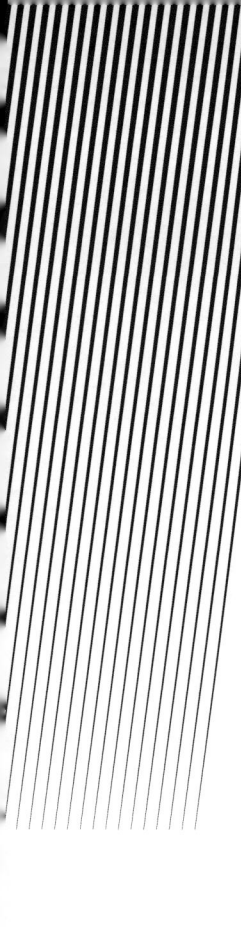

Capítulo 5
Operações societárias 71
5.1 Transformação 72
5.2 Fusão 74
5.3 Cisão 75
5.4 Incorporação 76

Capítulo 6
Classificação das sociedadaes no Direito Empresarial brasileiro 79
6.1 Sociedades personificadas 81
6.2 Sociedades não personificadas 94

Capítulo 7
Sociedade por ações 99
7.1 Características das sociedades por ações 101
7.2 Tipos de sociedades por ações 105
7.3 Governança corporativa nas sociedades por ações 108
7.4 Elementos universais e Direito comparado 110

Capítulo 8
Sociedades cooperativas no Brasil: estrutura, regulação e relevância econômica 113
8.1 Cooperativas de trabalho 119
8.2 Cooperativas sociais 121
8.3 Cooperativas de crédito 123

Capítulo 9
Microempresas e empresas de pequeno porte no Direito brasileiro 127
9.1 Princípios 129
9.2 Regime tributário simplificado 130
9.3 Desenquadramento como microempresa 130
9.4 Particularidades das empresas de pequeno porte 131

Capítulo 10
Relações societárias no Direito brasileiro 135
10.1 Empresas subsidiárias 136
10.2 Controle de empresas 140
10.3 Coligação ou filiação de empresas 143
10.4 *Holdings* de empresas 145
10.5 Participação societária em empresas 148
10.6 Outras relações jurídicas societárias atípicas 151

Capítulo 11
Direito Concursal no Brasil 155
11.1 Procedimento falimentar 160
11.2 Recuperação judicial 164
11.3 Recuperação extrajudicial 166

Capítulo 12
Propriedade intelectual 169
12.1 Direitos autorais 170
12.2 Propriedade industrial 171
12.3 Lei de Proteção de *Software* 180

Capítulo 13
Títulos de crédito 183
13.1 Cheque 186
13.2 Letra de câmbio 189
13.3 Nota promissória 191
13.4 Duplicata 194
13.5 Cédula de crédito bancário 196
13.6 Certificados de recebíveis (imobiliários ou do agronegócio) 199

Considerações finais 203
Referências 205
Sobre o autor 209

Apresentação

O Direito Empresarial é uma disciplina fundamental para o desenvolvimento econômico e social dos países. A dinamicidade do mercado e a crescente complexidade das relações empresariais tornam imprescindível a constante evolução das normativas que regulam o setor. Nesse sentido, o livro *Curso de Direito Empresarial* busca oferecer uma abordagem abrangente e atualizada sobre os principais institutos dessa área do Direito, contribuindo para a formação de estudantes e profissionais que atuam no meio empresarial.

A empresa exerce um papel central na sociedade contemporânea, sendo um dos principais vetores do desenvolvimento econômico. No contexto brasileiro, sua relevância pode ser observada sob diversos aspectos:

- Geração de empregos: as empresas são responsáveis pela criação de postos de trabalho, promovendo inclusão econômica e redução das desigualdades sociais.
- Inovação e tecnologia: o setor empresarial é protagonista na introdução de novas tecnologias e métodos produtivos, impactando diretamente a eficiência econômica do país.
- Arrecadação tributária: as empresas são uma das principais fontes de arrecadação fiscal, possibilitando o financiamento de políticas públicas essenciais, como educação, saúde e infraestrutura.
- Responsabilidade social: muitas empresas atuam como agentes de transformação social, promovendo iniciativas sustentáveis e contribuindo para o bem-estar coletivo.

Diante desse panorama, o estudo do Direito Empresarial torna-se imprescindível para a compreensão dos mecanismos que regulam a atividade empresarial e sua influência no desenvolvimento do Brasil.

O Direito Empresarial está intrinsecamente ligado à dinamicidade do mercado e às transformações econômicas e tecnológicas. Dessa forma, sua atualização constante é essencial para garantir a segurança jurídica e a estabilidade do ambiente de negócios. Alguns fatores que justificam essa necessidade incluem:

- Mudanças tecnológicas: a economia digital e a emergência de novos modelos de negócio demandam regulações adaptadas à realidade contemporânea, como a proteção de dados e a regulamentação das *startups*.

- Globalização: o intercâmbio econômico entre países exige harmonização legislativa para facilitar relações comerciais internacionais.
- Reformas legislativas: mudanças na legislação, como a recente reforma da Lei de Falências e Recuperação Judicial, impactam diretamente a gestão empresarial e a segurança dos credores.
- Proteção ao consumidor e sustentabilidade: o crescimento da consciência ambiental e do consumo responsável gera novas demandas regulatórias e contratuais.

O estudo do Direito Empresarial é imprescindível para garantir a regularidade das relações comerciais e fomentar um ambiente de negócios sólido e transparente. Diante dos desafios impostos pelo avanço tecnológico e pelas constantes mudanças legislativas, a atualização contínua da disciplina torna-se um imperativo para profissionais e estudiosos do Direito.

Com essa abordagem, esta obra se apresenta como um instrumento essencial para a compreensão e aplicação prática dos conceitos que regem a atividade empresarial no Brasil, fornecendo um referencial teórico e prático atualizado para acadêmicos e profissionais da área.

Capítulo 1

Relação entre economia, Estado e atividade produtiva

As relações entre economia, Estado e atividade produtiva são fundamentais para compreender o funcionamento das sociedades contemporâneas. Neste capítulo introdutório, exploraremos como essas dimensões se interligam, destacando o papel do Estado na regulação da economia, as teorias econômicas que sustentam suas políticas e os impactos sobre a atividade produtiva. A abordagem de todo o livro é didática, voltada para estudantes de graduação em Direito, buscando proporcionar ferramentas para a análise crítica das interações entre essas esferas.

A economia é a ciência social que estuda a produção, distribuição e consumo de bens e serviços. Para o Direito, compreender os fundamentos econômicos é essencial, já que o ordenamento jurídico regula relações de propriedade, contratos, tributação e outros aspectos centrais da atividade econômica.

> "A economia e o direito interagem em diversos níveis, pois as leis moldam as estruturas econômicas e estas, por sua vez, influenciam a formulação jurídica" (Sen, 1999, p. 45).

O Estado desempenha diferentes funções econômicas, que variam conforme os contextos históricos e ideológicos. De acordo com Maria da Conceição Tavares e Maurício David (1982), o Estado tem a função de regular mercados, prover bens públicos e corrigir falhas de mercado. Os autores apontam que, no Brasil, o papel do Estado tornou-se ainda mais significativo durante os períodos de industrialização, especialmente após a Segunda Guerra Mundial.

Na visão de Celso Furtado (2009), o desenvolvimento econômico em países periféricos exige uma intervenção estatal ativa, pois os mecanismos de mercado, por si só, são insuficientes para romper com a dependência estrutural do sistema capitalista internacional. Essa perspectiva justifica o modelo desenvolvimentista adotado pelo Brasil nas décadas de 1950 e 1960.

Além disso, o Estado é também um agente que influencia diretamente a atividade produtiva por meio de políticas públicas. Para Bresser-Pereira (2024), a formulação de políticas industriais e tecnológicas é crucial para aumentar a produtividade e estimular setores estratégicos da economia.

No Brasil, o desenvolvimento econômico sempre esteve vinculado à atuação estatal. A partir da Era Vargas, a industrialização foi impulsionada por meio de empresas estatais e incentivos fiscais. Segundo Luiz Carlos Bresser-Pereira (2024), essa estratégia foi essencial para superar a dependência da exportação de *commodities* e iniciar a diversificação produtiva.

Entretanto, a crise fiscal das décadas de 1980 e 1990 revelou os limites do modelo estatal de promoção do desenvolvimento. Como destaca Edmar Bacha (2016), a hiperinflação e o endividamento público restringiram a capacidade do Estado de investir, levando à adoção de políticas neoliberais e à privatização de setores estratégicos.

Por outro lado, economistas como Marcio Pochmann (2015) argumentam que a redução do papel do Estado no planejamento econômico enfraqueceu a capacidade do país de competir em mercados globais. Assim, a relação entre economia, Estado e atividade produtiva no Brasil é marcada por avanços e retrocessos, refletindo mudanças nos paradigmas econômicos.

A atividade produtiva no Brasil enfrenta desafios significativos, como baixa inovação, infraestrutura deficiente e custos elevados de produção. De acordo com Delfim Netto (2009), esses fatores limitam a competitividade da economia brasileira no cenário internacional.

Além disso, a dependência de exportações primárias coloca o país em uma posição vulnerável às oscilações dos mercados globais. A diversificação produtiva é frequentemente apontada como solução. Nesse sentido, Ignácio Rangel (2007) defende a necessidade de articulação entre os setores público e privado para superar os gargalos produtivos.

Por outro lado, a integração do Brasil em cadeias globais de valor requer uma estratégia coordenada. Segundo Antônio Barros de Castro e Carlos Lessa (2005), a política industrial deve ser orientada para agregar valor aos produtos nacionais, reduzindo a dependência de importações de bens de capital e tecnologias.

Como dito, a economia, o Estado e a atividade produtiva formam um triângulo fundamental para o desenvolvimento social e econômico. Nesse contexto, as empresas desempenham um papel crucial como agentes da atividade produtiva, conectando a geração de bens e serviços às necessidades de consumo e desenvolvimento humano. A atuação das empresas ocorre sob a égide de normas jurídicas que orientam e delimitam suas ações, regulando desde a constituição e operação até a dissolução e reorganização. Neste texto, examinaremos essas interações com uma abordagem científica, com foco no papel das normas jurídicas como mediadoras e facilitadoras.

1.1 Funções do Estado

A atividade produtiva envolve a transformação de insumos em bens ou serviços, impulsionando o crescimento econômico. Esse processo está vinculado ao aumento do Produto Interno Bruto (PIB), à geração de empregos e à inovação tecnológica. O Estado exerce papel central na economia por meio de três funções principais: reguladora, interventora e incentivadora.

1.1.1 Função reguladora

O Estado cria e implementa normas para assegurar que a economia funcione de maneira equilibrada e ética. Essa função é particularmente evidente em áreas como defesa da concorrência, proteção do consumidor e regulação de mercados financeiros.

> "A regulação econômica busca corrigir falhas de mercado, promovendo um ambiente de negócios justo e competitivo" (Stiglitz, 2003, p. 112).

A função reguladora do Estado na economia desempenha um papel fundamental na organização e no equilíbrio das relações econômicas dentro de uma sociedade. Essa função se fundamenta na necessidade de corrigir falhas de mercado, promover o bem-estar coletivo e garantir um desenvolvimento econômico sustentável. Nesse contexto, é essencial compreender os objetivos, os instrumentos e os desafios associados à atuação reguladora do Estado.

Os principais objetivos da regulação estatal na economia incluem:

- **Correção de falhas de mercado**: nas situações em que o mercado não consegue alocar recursos de maneira eficiente, o Estado intervém para corrigir distorções, como monopólios, externalidades e assimetrias de informação.
- **Promoção da equidade social**: por meio de políticas regulatórias, o Estado busca reduzir desigualdades econômicas e sociais, promovendo acesso a bens e serviços essenciais, como saúde, educação e saneamento.
- **Estímulo ao desenvolvimento econômico**: a regulação também visa criar condições favoráveis ao crescimento econômico, incentivando investimentos, inovação e competitividade.
- **Proteção dos direitos dos consumidores**: o Estado regula mercados para garantir que consumidores tenham acesso a produtos e serviços de qualidade, com preços justos e informações adequadas.
- **Preservação ambiental**: a regulação econômica também é utilizada como instrumento para promover a sustentabilidade ambiental, incentivando práticas produtivas menos impactantes ao meio ambiente.

Para desempenhar sua função reguladora, o Estado utiliza uma ampla gama de instrumentos, que podem ser classificados em:

- **Instrumentos normativos**: consistem em legislações, decretos e regulamentações que estabelecem padrões, limites e regras para atividades econômicas.
- **Políticas fiscais**: incluem o uso de impostos, subsídios e incentivos fiscais para direcionar comportamentos econômicos e corrigir desigualdades.
- **Políticas monetárias**: por meio do controle da oferta de moeda e da taxa de juros, o Estado influencia o nível de atividade econômica.

- **Criação e regulação de agências reguladoras**: essas instituições autônomas monitoram setores específicos, como energia, telecomunicações e saúde, garantindo a aplicação das normas.
- **Controle direto**: em alguns casos, o Estado intervém diretamente na economia, por meio de empresas públicas ou do controle de preços em setores estratégicos.

Como exemplo, podemos citar as leis antitruste no Brasil, como a Lei n. 12.529/2011, as quais visam evitar monopólios e assegurar a competição.

1.1.2 Função interventora

Em situações de crise ou desequilíbrio, o Estado pode intervir diretamente na economia, seja por meio de políticas fiscais e monetárias, seja pela estatização de setores estratégicos.

> "A intervenção estatal em momentos de crise é imprescindível para restaurar a confiança e o equilíbrio econômico" (Keynes, 2012, p. 122).

A função interventora do Estado na economia tem como fundamento a necessidade de assegurar o bem-estar social, promover o desenvolvimento econômico e corrigir desigualdades estruturais que o mercado, por si só, não consegue resolver. A intervenção estatal ocorre por meio de políticas públicas, regulamentações e investimentos diretos em setores estratégicos. A seguir, analisaremos os objetivos, os meios de intervenção e os desafios associados a essa função do Estado.

Os principais objetivos da função interventora do Estado incluem:

- **Redução das desigualdades sociais e regionais**: por intermédio de políticas redistributivas, o Estado busca garantir maior equidade no acesso a recursos e oportunidades, promovendo inclusão social e desenvolvimento regional.
- **Promoção do crescimento econômico**: a intervenção estatal pode estimular setores estratégicos da economia, alavancar investimentos e fomentar inovação tecnológica.
- **Estabilização macroeconômica**: durante crises econômicas, o Estado atua para mitigar os efeitos de flutuações cíclicas, por meio de medidas como políticas fiscais e monetárias expansivas.
- **Garantia de acesso a bens públicos**: o Estado intervém para prover bens e serviços essenciais, como saúde, educação e infraestrutura, muitas vezes fora do alcance da iniciativa privada.
- **Defesa da soberania nacional**: Em alguns casos, o Estado intervém para proteger setores considerados estratégicos para a segurança e soberania do país, como energia e telecomunicações.

A intervenção estatal na economia, por sua vez, realiza-se por meio de diferentes instrumentos, que incluem:

- **Políticas fiscais:** utilização de tributação e gastos públicos para promover redistribuição de renda, estimular setores produtivos ou financiar serviços públicos essenciais.
- **Políticas monetárias:** controle da oferta de moeda, taxa de juros e crédito para estabilizar a economia e incentivar o crescimento.
- **Investimentos diretos:** realização de investimentos em infraestrutura, educação, saúde e outros setores de interesse coletivo.
- **Subsídios e incentivos:** concessão de subsídios ou incentivos fiscais para estimular determinadas atividades econômicas ou apoiar grupos vulneráveis.
- **Criação de empresas estatais:** atuação direta do Estado na produção de bens e serviços em setores considerados estratégicos ou de monopólio natural.
- **Regulamentação:** estabelecimento de normas para orientar o funcionamento de mercados e proteger direitos de consumidores e trabalhadores.

São exemplos clássicos de intervenção estatal:

- **New Deal nos Estados Unidos:** durante a Grande Depressão (1930), o governo dos Estados Unidos implementou uma série de medidas intervencionistas, como obras públicas, regulamentação financeira e programas sociais para recuperar a economia.
- **Plano Marshall na Europa:** após a Segunda Guerra Mundial, os Estados europeus, com apoio financeiro dos Estados Unidos, intervieram para reconstruir suas economias e promover o crescimento.
- **Industrialização no Brasil:** na década de 1930, o governo Vargas incentivou a criação de empresas estatais, como a Companhia Siderúrgica Nacional (CSN), promovendo a industrialização do país.

1.1.3 Função incentivadora

O Estado pode fomentar o crescimento econômico por meio de subsídios, investimentos em infraestrutura e estímulo à inovação.

> "Os incentivos estatais são fundamentais para o desenvolvimento de setores estratégicos e para a geração de emprego e renda" (Schumpeter, 2017, p. 89).

A função incentivadora do Estado na economia tem como objetivo estimular atividades econômicas que contribuam para o desenvolvimento socioeconômico, a inovação e a competitividade. Essa função se manifesta por meio de políticas públicas que incentivam investimentos, promovem a criação de empregos, impulsionam setores estratégicos e apoiam regiões ou grupos em situação de vulnerabilidade. A seguir, abordaremos os objetivos, os instrumentos e os desafios dessa função estatal.

Os principais objetivos da função incentivadora do Estado são:

- **Fomentar o desenvolvimento econômico:** estimular setores produtivos para promover crescimento econômico sustentável e o aumento do Produto Interno Bruto (PIB).
- **Promover a inovação e o avanço tecnológico:** incentivar atividades de pesquisa e desenvolvimento (P&D) para aumentar a competitividade das empresas no mercado global.
- **Reduzir desigualdades regionais:** apoiar regiões menos desenvolvidas para equilibrar o desenvolvimento econômico entre diferentes áreas do país.
- **Gerar empregos:** criar condições para a expansão da oferta de trabalho, promovendo a inclusão social.
- **Incentivar a sustentabilidade ambiental:** promover a transição para uma economia verde, incentivando práticas produtivas que respeitem o meio ambiente.

A função incentivadora do Estado utiliza diversos instrumentos para cumprir seus objetivos, entre os quais:

- **Incentivos fiscais:** redução de impostos, concessão de isenções tributárias ou criação de regimes especiais para setores prioritários.
- **Subsídios diretos:** fornecimento de recursos financeiros para empresas ou setores estratégicos, como agricultura, indústria e energia renovável.
- **Crédito subsidiado:** oferta de financiamentos a juros reduzidos, geralmente por meio de bancos públicos, para estimular investimentos em áreas como infraestrutura, tecnologia e habitação.
- **Políticas de compras governamentais:** o Estado utiliza seu poder de compra para impulsionar determinados setores, adquirindo produtos e serviços de empresas nacionais ou de pequeno porte.
- **Criação de zonas econômicas especiais:** estabelecimento de áreas com condições fiscais e regulatórias diferenciadas para atrair investimentos.
- **Parcerias público-privadas (PPPs):** fomenta a colaboração entre os setores público e privado para realização de projetos de interesse público.

São exemplos práticos de políticas incentivadoras:

- **Incentivos à indústria de tecnologia:** em vários países, o Estado oferece incentivos fiscais e subsídios para empresas de tecnologia com o objetivo de promover a digitalização da economia.

- **Programas de incentivo à agricultura:** subsídios e créditos para produtores rurais contribuem para o fortalecimento do setor agropecuário e para a segurança alimentar.
- **Políticas de energia limpa:** diversos governos incentivam a transição para fontes de energia renováveis por meio de subsídios a projetos de energia solar, eólica e biomassa.
- **Apoio às *startups*:** criação de ambientes regulatórios favoráveis, além de incentivos fiscais e programas de aceleração para *startups* inovadoras.

1.2 Atividade produtiva e a interação com o Direito

A atividade produtiva envolve a transformação de recursos em bens e serviços para atender às demandas da sociedade. Essa atividade está sujeita a diversas normas jurídicas, desde leis trabalhistas até regulamentações ambientais.

1.2.1 Aspectos contratuais e empresariais

As relações contratuais são a base das transações econômicas. O Direito Empresarial regula a formação e dissolução de empresas, bem como questões relacionadas à governança corporativa.

> "O contrato é o instrumento jurídico que dá segurança às relações econômicas, permitindo a previsibilidade das transações" (Coase, 2022, p. 21).

Os aspectos contratuais desempenham um papel central nas relações empresariais, sendo fundamentais para a organização, regulamentação e segurança jurídica das atividades econômicas. Os contratos são instrumentos jurídicos que formalizam os acordos entre as partes, estabelecendo direitos, deveres e responsabilidades, contribuindo para a previsibilidade e estabilidade nas transações comerciais. A seguir, abordamos os principais aspectos contratuais relacionados às empresas, destacando sua importância, tipos de contratos empresariais e os desafios associados à sua elaboração e execução.

Os contratos são instrumentos essenciais para:

- **Formalizar relações comerciais:** garantem que as partes envolvidas tenham clareza sobre os termos e condições acordados.
- **Mitigar riscos:** reduzem incertezas e previnem conflitos ao estabelecer regras claras para a execução das obrigações.

- **Proporcionar segurança jurídica:** criam bases para que os direitos e deveres das partes possam ser exigidos judicialmente, se necessário.
- **Promover a conformidade legal:** asseguram que as relações empresariais estejam de acordo com a legislação vigente, evitando penalidades e litígios.

1.2.2 Sustentabilidade e responsabilidade social

A legislação ambiental e a responsabilidade social corporativa têm ganhado destaque, refletindo a necessidade de uma produção mais sustentável.

> "O direito ambiental impõe limites à exploração econômica, assegurando que as gerações futuras tenham acesso aos recursos naturais" (Sachs, 2006, p. 15).

A relação entre sustentabilidade e responsabilidade social é um tema central no debate contemporâneo sobre o papel das organizações na sociedade. Ambas as dimensões estão interligadas e refletem a preocupação com o impacto das atividades empresariais no meio ambiente e na comunidade em que estão inseridas. Este texto explora como a sustentabilidade e a responsabilidade social corporativa (RSC) se complementam e influenciam a gestão estratégica das empresas.

A sustentabilidade empresarial refere-se à capacidade de uma organização de operar de maneira que equilibre o crescimento econômico, a preservação ambiental e o bem-estar social. Esse conceito se baseia em três pilares fundamentais:

- **Econômico:** a geração de lucro e a criação de valor para os acionistas, mantendo a viabilidade financeira no longo prazo.
- **Ambiental:** a adoção de práticas que minimizem os impactos negativos ao meio ambiente, como redução de emissões, gestão de recursos naturais e investimentos em tecnologias limpas.
- **Social:** o compromisso com o bem-estar da sociedade, abrangendo iniciativas de inclusão, direitos humanos, condições de trabalho e desenvolvimento comunitário.

A responsabilidade social corporativa é o compromisso voluntário das empresas em adotar práticas éticas e transparentes, que contribuam para o desenvolvimento da sociedade e preservem o meio ambiente. A RSC vai além do cumprimento de obrigações legais, incorporando a preocupação com os impactos sociais e ambientais nas estratégias de negócio. Os principais eixos da RSC incluem:

- **Investimento social:** apoio a projetos e iniciativas voltados para educação, saúde, cultura e combate às desigualdades.
- **Transparência e ética:** divulgação de informações de maneira clara e acessível, promovendo a confiança entre os *stakeholders*.

- **Valoração do capital humano**: promoção de condições de trabalho justas, inclusivas e seguras para os colaboradores.

Sustentabilidade e responsabilidade social corporativa são conceitos complementares que se reforçam mutuamente. A sustentabilidade centra-se em garantir o equilíbrio entre aspectos econômicos, sociais e ambientais, e a RSC destaca o papel das empresas como agentes de transformação social, trazendo benefícios como:

- **Reputação empresarial**: empresas que adotam práticas sustentáveis e responsáveis ganham maior credibilidade e fidelidade dos clientes.
- **Inovação**: a busca por soluções que atendam às demandas socioambientais estimula a inovação tecnológica e organizacional.
- **Vantagem competitiva**: organizações comprometidas com a sustentabilidade e a RSC se destacam no mercado, atraindo investidores e talentos.
- **Mitigação de riscos**: atitudes proativas em relação a questões ambientais e sociais ajudam a reduzir riscos regulatórios, legais e reputacionais.

1.2.3 Teorias econômicas e seus impactos no Direito

O estudo das teorias econômicas e seus impactos no Direito destacam a inter-relação entre os sistemas jurídico e econômico na formulação e aplicação de normas. A partir da análise de correntes econômicas clássicas, como o liberalismo de Adam Smith e o keynesianismo, até as mais contemporâneas, como o institucionalismo econômico, é possível compreender como as transformações econômicas influenciam diretamente o desenvolvimento jurídico e as políticas públicas.

A teoria do *laissez-faire*, defendida por Smith em A *riqueza das nações* (1776), fundamentou a ideia de mínima intervenção estatal, impactando diretamente a construção de sistemas jurídicos orientados ao livre mercado. No Brasil, essa perspectiva foi absorvida em diferentes momentos históricos, como na Constituição de 1824, que buscava um modelo liberal, ainda que adaptado às peculiaridades de uma economia escravista.

> "O mercado, quando deixado livre, tende a se autorregular, maximizando o bem-estar coletivo" (Smith, 2021, p. 158).

Com a crise de 1929, surge a influência do keynesianismo, que propõe a intervenção estatal para corrigir falhas de mercado. Essa abordagem impactou diretamente o Direito, levando ao fortalecimento de legislações trabalhistas e sociais em diversas nações. No Brasil, isso se refletiu na Consolidação das Leis do Trabalho (CLT), de 1943, sob a ótica de uma economia mais regulada.

> "A demanda agregada é o motor da economia, e o Estado deve atuar para mantê-la em níveis adequados" (Keynes, 2012, p. 67).

A partir da década de 1980, o neoliberalismo retomou a ideia de desregulamentação econômica, influenciando significativamente a legislação em diversos países, com o objetivo de atrair investimentos e fomentar a competitividade. No Brasil, isso se refletiu nas reformas da década de 1990, como a privatização de estatais e a flexibilização das relações trabalhistas. Segundo Douglass North (2018), vencedor do Prêmio Nobel de Economia, as instituições importam porque moldam o comportamento humano. Esse pensamento encontra eco na interação entre Direito e Economia, evidenciando que mudanças econômicas geram adaptações normativas para consolidar novos arranjos sociais.

Além disso, atualmente, o movimento *Law and Economics*, amplamente difundido por autores como Richard Posner, enfatiza o uso de análises econômicas na interpretação e aplicação do Direito. Essa corrente argumenta que a eficiência econômica deve ser um dos pilares na decisão jurídica. No Brasil, tal abordagem ganhou força nos últimos anos, especialmente em áreas como direito contratual e concorrencial.

Já o institucionalismo econômico moderno ressalta que o desenvolvimento econômico é indissociável de instituições jurídicas estáveis. Autores como Daron Acemoglu e James Robinson, no livro *Por que as nações fracassam: as origens do poder, da prosperidade e da pobreza* (2022), destacam que a falta de instituições inclusivas contribui para a perpetuação de desigualdades e estagnação econômica. No contexto brasileiro, a necessidade de reformar estruturas jurídicas e econômicas é frequentemente apontada como um fator crucial para superar desafios como a corrupção e a má distribuição de renda.

O contraponto às teorias anteriores é a relação entre economia marxista e Direito que oferece um campo fértil para análises sobre as dinâmicas de poder e desigualdade que moldam as estruturas jurídicas nas sociedades capitalistas. Fundamentada nas obras de Karl Marx, especialmente em O capital (1867), a perspectiva marxista aborda o Direito como uma superestrutura que reflete e legitima as relações econômicas dominantes. Nesse sentido, as normas jurídicas não são neutras, mas sim instrumentos que servem para perpetuar o poder da classe dominante.

De acordo com Marx, o Direito emerge da base econômica, ou infraestrutura, composta pelas forças produtivas e pelas relações de produção. A superestrutura, que inclui o sistema jurídico, a política e a cultura, tem como função estabilizar e reproduzir as condições da base. Como explica Lukács, em História e consciência de classe (2018), o Direito é parte integrante do aparato ideológico da sociedade, desempenhando um papel fundamental na manutenção da hegemonia da classe dominante.

No âmbito do capitalismo, o Direito é estruturado para proteger a propriedade privada dos meios de produção, que é a base das relações de exploração entre capital e trabalho. Esse aspecto é evidente em dispositivos legais que garantem contratos, herança e a acumulação de capital. Por exemplo, a CLT, no Brasil, ao mesmo tempo que assegura direitos mínimos ao trabalhador, ainda serve para regular e limitar a luta de classes, mantendo a exploração em níveis considerados aceitáveis pelo sistema capitalista.

A abordagem marxista do Direito se debruça sobre o conceito de alienação. Marx argumenta que o trabalhador alienado não apenas perde o controle sobre o produto de seu trabalho, mas também sobre as normas que regem sua existência. O Direito, nesse contexto, aparece como algo externo e coercitivo, mascarando as contradições inerentes ao capitalismo e criando a ilusão de igualdade jurídica, enquanto perpetua desigualdades materiais. Como afirma Pachukanis em Teoria geral do direito e marxismo (2017), a forma jurídica é inseparável da mercadoria, pois ambas surgem como expressões da abstração e da universalidade no capitalismo.

A teoria marxista também oferece insights sobre o papel do Estado no Direito. Para Marx e Engels, o Estado é um comitê executivo da burguesia, responsável por criar e manter um sistema jurídico que favoreça os interesses do capital. No entanto, em períodos de crise ou luta de classes intensificada, o Direito pode se tornar um campo de disputa, no qual as classes subalternas reivindicam mudanças para reduzir desigualdades. No Brasil, por exemplo, as reformas trabalhistas e previdenciárias são frequentemente analisadas sob uma ótica marxista como tentativas de aprofundar a exploração da classe trabalhadora em benefício do capital.

Outro ponto relevante na análise marxista do Direito é a crítica à criminalização da pobreza. O Direito Penal, segundo essa visão, é seletivo e atua como um mecanismo de controle social, direcionando sua força contra os marginalizados, ao passo que os crimes relacionados ao capital, como sonegação e exploração de recursos, são frequentemente tolerados ou tratados com leniência.

Por fim, o marxismo jurídico propõe alternativas à estrutura capitalista do Direito baseadas na superação das relações de produção exploratórias. A busca por uma sociedade sem classes, em que o Direito como o conhecemos deixaria de existir, reflete o ideal marxista de que as normas jurídicas, como forma de poder, perderiam relevância em um sistema de produção coletivista. Nesse sentido, o Direito não seria mais necessário como mediador de conflitos de propriedade, pois a propriedade privada dos meios de produção teria sido abolida.

Em síntese, a economia marxista fornece uma base teórica para a compreensão crítica do Direito como parte integrante das estruturas de dominação no capitalismo. Sua análise contribui para revelar as contradições e limites do sistema jurídico, incentivando a reflexão sobre possibilidades de transformação social que transcendem as condições impostas pela ordem capitalista.

O impacto das teorias econômicas no Direito reflete o constante diálogo entre esses campos do saber. Se, por um lado, a Economia molda demandas sociais que exigem respostas normativas, por outro, o Direito estabelece os parâmetros que permitem a convivência entre eficiência econômica e justiça social. Assim, compreender essa interação é essencial para a construção de sistemas jurídicos mais adequados às complexidades do mundo contemporâneo.

1.3 O papel do Direito na mediação das relações econômicas

O Direito é a ferramenta que harmoniza os interesses conflitantes entre agentes econômicos. Por meio de normas claras e mecanismos de resolução de disputas, ele contribui para a segurança jurídica e a previsibilidade econômica.

> "A previsibilidade jurídica é um fator essencial para o crescimento econômico sustentável" (Posner, 2009, p. 54).

O Direito desempenha um papel central na mediação das relações econômicas, configurando-se como um instrumento essencial para a organização das atividades produtivas, comerciais e financeiras. Ao estabelecer normas que regulam comportamentos e garantem direitos, o ordenamento jurídico cria as condições para a estabilidade e a previsibilidade necessárias às interações econômicas. No Brasil, a análise desse papel tem sido amplamente discutida por juristas e economistas, que destacam o Direito como um fator estruturante das relações sociais e econômicas.

Conforme aponta Eros Roberto Grau (2024, p. 47) "o direito não é um reflexo automático das forças econômicas, mas participa ativamente da construção e manutenção da ordem econômica". Essa perspectiva evidencia que as normas jurídicas não apenas regulam os mercados, mas também moldam as formas de produção e consumo, intervindo diretamente na distribuição de riquezas e no acesso aos recursos. A Constituição Federal de 1988, por exemplo, em seu art. 170, estabelece um modelo econômico baseado nos princípios da livre iniciativa e da função social da propriedade, revelando o equilíbrio entre liberdade econômica e justiça social.

O contrato, uma das figuras centrais do direito privado, é um dos instrumentos mais relevantes na mediação das relações econômicas. Segundo Orlando Gomes (2022), o contrato é a expressão jurídica da economia de mercado. Ao formalizar os acordos entre partes, os contratos garantem segurança jurídica e previsibilidade às transações. Contudo, a intervenção do Estado por meio do direito contratual também é necessária para evitar abusos e assegurar a igualdade material entre as partes, como demonstram os dispositivos do Código de Defesa do Consumidor (Lei n. 8.078/1990).

O Direito também desempenha um papel crucial na promoção do desenvolvimento econômico e na redução de desigualdades. Para Fábio Konder Comparato (2016, p. 225), "a economia deve ser vista como um instrumento a serviço da dignidade humana, e o direito, como seu regulador". Essa visão é refletida em políticas públicas que utilizam o Direito como meio de redistribuição de riqueza, como a legislação tributária progressiva e os programas de transferência de renda.

No âmbito do Direito Trabalhista, o ordenamento jurídico atua como mediador das relações entre capital e trabalho, buscando equilibrar interesses conflitantes. A CLT foi instituída como uma resposta às demandas sociais por proteção ao trabalhador, consolidando direitos fundamentais, como jornada de trabalho limitada e garantia de salários mínimos. O Direito do Trabalho reflete a necessidade de regular juridicamente a relação desigual entre empregador e empregado.

Além disso, o Direito exerce uma função preventiva e repressiva na proteção da ordem econômica, especialmente por meio do Direito Concorrencial e do Direito Penal Econômico. A Lei n. 12.529/2011, que rege o Sistema Brasileiro de Defesa da Concorrência, busca combater práticas abusivas, como cartéis e abuso de poder econômico, promovendo um mercado mais competitivo e eficiente. Já no campo penal, a Lei de Crimes contra a Ordem Econômica (Lei n. 8.137/1990) reprime condutas ilícitas que prejudicam o equilíbrio econômico e social.

Por outro lado, autores como Luiz Edson Fachin (1998) apontam para a necessidade de um Direito mais sensível às transformações econômicas contemporâneas, especialmente em um contexto de globalização e novas tecnologias. Fachin (1998, p. 44) argumenta que "o direito precisa incorporar uma visão dinâmica das relações econômicas, adaptando-se às demandas por regulação em mercados cada vez mais interconectados".

Em suma, o papel do Direito na mediação das relações econômicas transcende a simples regulamentação de transações. Ele atua como elemento estruturante das interações econômicas, promovendo estabilidade, justiça social e desenvolvimento. Ao equilibrar os interesses de diversos atores e adaptar-se às mudanças sociais e econômicas, o Direito reafirma sua relevância na construção de uma sociedade mais justa e inclusiva.

O cenário atual apresenta novos desafios para a relação entre economia, Estado e atividade produtiva no Brasil. A transição para uma economia de baixo carbono, por exemplo, demanda investimentos em infraestrutura verde e inovação tecnológica. Segundo José Eli da Veiga (2006), o Brasil tem potencial para liderar essa transição, mas isso depende de políticas públicas consistentes.

Outro aspecto relevante é a digitalização da economia. A automação e a inteligência artificial (IA) podem aumentar a produtividade, mas exigem investimentos em educação e qualificação da força de trabalho.

A relação entre economia, Estado e atividade produtiva é complexa e multifacetada, especialmente em um país como o Brasil. No decorrer da história, o papel do Estado foi determinante para impulsionar a industrialização e o crescimento econômico. No entanto, desafios como a crise fiscal, a falta de competitividade e a transição tecnológica exigem novas abordagens e estratégias.

A análise de autores brasileiros e estrangeiros revela que a integração entre políticas públicas e iniciativas privadas é essencial para promover o desenvolvimento sustentável. Assim, o fortalecimento dessa relação deve ser uma prioridade para que o Brasil alcance maior inserção no cenário global e reduza as desigualdades internas.

Capítulo 2

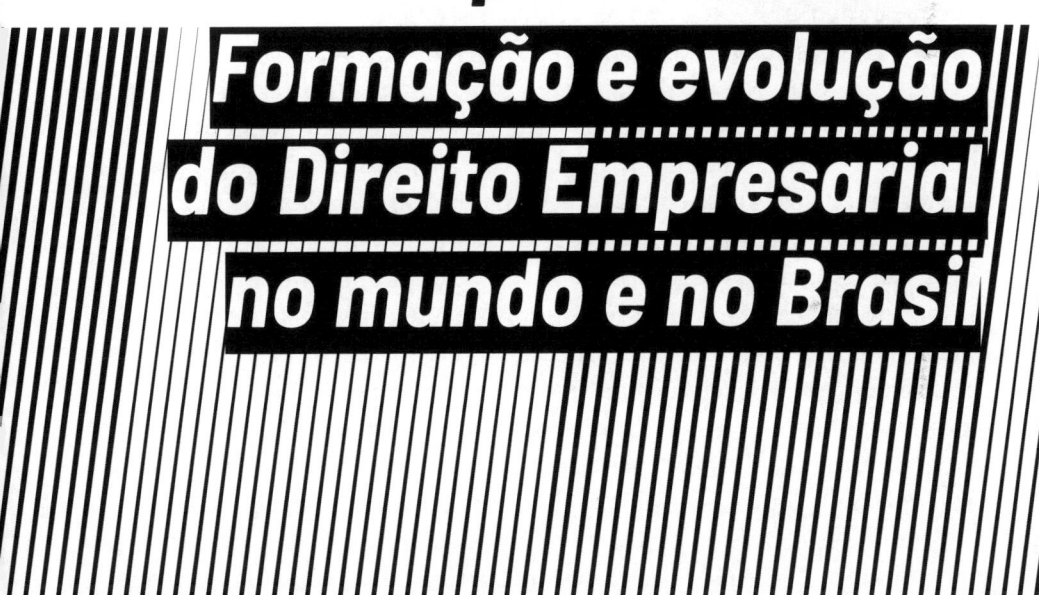

Formação e evolução do Direito Empresarial no mundo e no Brasil

O Direito Empresarial, também chamado de Direito Comercial em sua origem, tem suas bases formadas a partir das relações de troca e comércio que se consolidaram nas sociedades antigas. Sua evolução acompanha o desenvolvimento econômico, refletindo as transformações sociais e tecnológicas que marcaram a história da humanidade. Desde os primeiros registros nas civilizações mesopotâmicas, passando pelas corporações de ofício medievais e chegando às modernas legislações empresariais, o Direito Empresarial desempenhou papel central na organização das atividades econômicas e na proteção dos interesses dos agentes envolvidos.

2.1 Origens históricas do Direito Empresarial

A formação do Direito Empresarial remonta às civilizações antigas, onde surgiram as primeiras normas que regulavam as práticas comerciais. Nos códigos da Antiguidade, como o *Código de Hamurabi* (1754 a.C.), encontravam-se regras para empréstimos, contratos e resoluções de disputas comerciais. As bases do comércio moderno já eram vislumbradas nas civilizações babilônicas, em que contratos escritos e regulações para trocas comerciais eram amplamente utilizados.

Na Grécia Antiga, embora não houvesse uma codificação específica do Direito Comercial, os princípios do comércio marítimo eram amplamente aplicados em portos e mercados. Já em Roma, o Direito Romano deu origem a conceitos fundamentais que influenciam o Direito Comercial até os dias de hoje. O *jus gentium*, criado para regular as relações entre romanos e estrangeiros, foi essencial para o desenvolvimento do comércio internacional. Segundo Barry Nicholas (1976, p. 36): "o *jus gentium* trouxe inovações que moldaram o comércio transfronteiriço, incluindo os primeiros conceitos de contratos e responsabilidade".

Durante o período romano, o Direito Comercial começou a adquirir contornos mais específicos, ainda que integrado ao Direito Civil. O *jus gentium*, ou "direito das gentes", foi especialmente relevante para disciplinar as relações comerciais entre cidadãos romanos e estrangeiros. O Direito Romano estabeleceu princípios fundamentais de obrigações contratuais que influenciaram diretamente o desenvolvimento do Direito Comercial europeu.

Com o colapso do Império Romano e a transição para a Idade Média, o Direito Comercial adquiriu uma nova dimensão. A economia de subsistência predominava no início desse período, mas o renascimento do comércio nos séculos XII e XIII transformou a Europa em um continente interligado por rotas comerciais. Essa revitalização trouxe à tona a necessidade de normas específicas para regular as transações comerciais, dando origem à *lex mercatoria*, ou "lei dos mercadores".

Na Idade Média, com o renascimento do comércio e a formação das cidades, o Direito Comercial se consolidou como um ramo autônomo. As corporações de ofício, organizações de comerciantes e artesãos, foram responsáveis por estabelecer regulamentos próprios, que se tornaram a base do chamado "direito dos mercadores" (*lex mercatoria*). Segundo Pontes de Miranda (1958, p. 104), "a *lex mercatoria* é um testemunho da necessidade de autonomia normativa no contexto das práticas comerciais medievais".

A *lex mercatoria* foi um sistema jurídico autônomo criado pelos comerciantes para regular suas atividades em feiras e mercados, independentemente das leis locais. Era caracterizada por sua simplicidade, flexibilidade e aceitação universal entre os comerciantes. Seu desenvolvimento foi impulsionado pela prática e pelos costumes, tornando-a um precursor das normas comerciais internacionais modernas.

Os tribunais mercantis, estabelecidos em importantes centros comerciais europeus, aplicavam a *lex mercatoria* e resolviam disputas de maneira rápida e eficaz. Esses tribunais foram essenciais para o fortalecimento das instituições comerciais e para a consolidação de normas transnacionais.

2.1.1 Codificação do Direito Comercial moderno

A Revolução Industrial e o Iluminismo trouxeram novas demandas para o Direito Comercial. O modelo corporativo medieval deu lugar a um sistema mais racional e codificado, atendendo às necessidades de um comércio cada vez mais complexo e global. O marco desse período foi o *Code de Commerce* francês de 1807, parte das reformas napoleônicas. Como explica Túlio Ascarelli (1947, p. 40): "o Código Comercial francês trouxe uma sistematização que influenciou profundamente os ordenamentos jurídicos de todo o Ocidente".

Na Inglaterra, onde o Direito não era codificado, o desenvolvimento do Direito Comercial foi moldado pela *common law*. As decisões judiciais e os precedentes foram fundamentais para consolidar princípios, como a responsabilidade limitada e a liberdade contratual. De acordo com Holdsworth (1922, p. 184): "a jurisprudência inglesa ofereceu soluções práticas para os problemas do comércio, servindo como uma ponte entre o tradicionalismo e as necessidades do capitalismo emergente".

A Revolução Comercial dos séculos XVI e XVII, impulsionada pela expansão marítima europeia e pela formação de colônias, ampliou significativamente a complexidade das transações comerciais. Esse período marcou o início de uma transição para um Direito Comercial mais formalizado, que atendesse às novas demandas de um comércio globalizado.

Na Inglaterra, embora não houvesse codificações específicas, os tribunais ingleses criaram precedentes que formaram a base do Direito Comercial moderno. Segundo William Holdsworth (1922), a contribuição inglesa para o Direito Comercial foi sua abordagem pragmática e baseada em precedentes, que permitiu uma evolução contínua.

Já na Europa continental, o século XIX foi marcado pelo movimento de codificação, que buscava consolidar normas comerciais em sistemas jurídicos abrangentes. O marco desse período foi o *Code de Commerce* francês de 1807, promulgado por Napoleão Bonaparte. O código francês, inspirado na *lex mercatoria* e no Direito Romano, trouxe uma sistematização das normas comerciais e influenciou os códigos comerciais de diversos países.

Outro exemplo importante foi o Código Comercial Alemão de 1897 (*Handelsgesetzbuch*), que incorporou conceitos da escola histórica do Direito, promovendo uma abordagem mais científica e adaptada às necessidades da industrialização.

2.1.2 Formação do Direito Empresarial no Brasil

O Direito Empresarial brasileiro tem suas origens no período colonial, quando as práticas comerciais eram reguladas pelas Ordenações do Reino, especialmente as *Ordenações Filipinas* (1603). Estas traziam regras para sociedades mercantis, contratos de parceria e falências, ainda que adaptadas a uma economia de base agrária e escravista. Segundo Arnoldo Wald (2015, p. 28), "as Ordenações Filipinas representaram a base inicial do Direito Comercial no Brasil, mesmo em um contexto de economia primitiva".

Com a independência do Brasil em 1822, o país passou a buscar modelos jurídicos modernos, adotando o Código Comercial de 1850 (Lei n. 556/1850), que se inspirava no *Code de Commerce* francês. Esse código foi um marco na história jurídica brasileira, pois organizou e sistematizou as normas aplicáveis às atividades mercantis. O Código Comercial de 1850 foi fundamental para modernizar as relações comerciais no Brasil, adaptando-se às necessidades de uma economia em transformação.

O Código Comercial de 1850 dividia-se em duas partes: a primeira tratava do comércio em geral, incluindo sociedades comerciais, contratos e títulos de crédito; a segunda abordava o comércio marítimo. Segundo Fábio Ulhoa Coelho (2024, p. 28): "o Código Comercial de 1850 foi um marco na história do Direito Comercial brasileiro, estabelecendo normas modernas e abrangentes para regular as atividades mercantis".

Esse período foi caracterizado por uma economia ainda predominantemente agrária, mas com o surgimento de atividades comerciais mais estruturadas nas áreas urbanas. O Código Comercial foi fundamental para criar um ambiente jurídico mais seguro e previsível, especialmente nas transações envolvendo crédito e sociedades empresariais.

No entanto, a aplicação do Código Comercial era limitada pela realidade econômica e social da época, marcada pela escravidão e pela baixa industrialização. A falta de um mercado interno robusto e a ausência de uma classe média consumidora restringiram o impacto do Código Comercial no Brasil imperial (Wald, 2015).

A Proclamação da República em 1889 trouxe novos desafios para o Direito Comercial no Brasil. A industrialização, embora ainda incipiente, começou a ganhar força no início do século XX, criando novas demandas jurídicas para regular as atividades empresariais. Nesse contexto, surgiram legislações complementares ao Código Comercial, como a Lei das Sociedades Anônimas de 1940, que buscava disciplinar a estrutura das grandes empresas industriais e comerciais.

Com a consolidação da industrialização no período pós-Segunda Guerra Mundial, o Direito Comercial passou a desempenhar um papel ainda mais central na economia brasileira. A legislação comercial precisou ser adaptada para atender às exigências de uma economia industrial e urbana, marcada pelo crescimento das empresas e pela complexidade das relações mercantis (Martins, 2019a).

Um avanço significativo ocorreu com a criação da Consolidação das Leis do Trabalho (CLT) em 1943, que trouxe maior proteção aos trabalhadores e estabeleceu um marco regulatório para as relações entre capital e trabalho. Embora a CLT pertença ao Direito do Trabalho, sua interação com o Direito Comercial é evidente, pois regula uma dimensão essencial das empresas: a gestão da força de trabalho.

Na segunda metade do século XX, com a industrialização e a diversificação econômica, o Direito Comercial brasileiro passou por profundas mudanças. A criação da Lei das Sociedades por Ações (Lei n. 6.404/1976) e a Lei de Falências (Lei n. 11.101/2005) são exemplos de como o ordenamento jurídico evoluiu para atender às demandas do capitalismo moderno. Essas leis representam um avanço significativo na consolidação do Direito Empresarial brasileiro, alinhando-o às melhores práticas internacionais.

Com isso, a compreensão jurídica da empresa envolve o reconhecimento de seus elementos constitutivos:

- **Atividade econômica:** o núcleo da empresa é a exploração de uma atividade com fins lucrativos.
- **Organização:** a empresa requer a coordenação de fatores de produção, como capital, trabalho e tecnologia.
- **Profissionalidade:** o exercício contínuo e habitual da atividade distingue a empresa de empreendimentos eventuais.
- **Finalidade econômica:** a busca de lucro é característica inerente à empresa, ainda que existam exceções, como as empresas públicas voltadas ao interesse social.

Segundo Arnoldo Wald (2015, p. 42), "a organização é o elemento distintivo da empresa, pois é ela que transforma os fatores isolados em um sistema produtivo eficiente".

O reconhecimento da empresa como unidade jurídica é essencial para a proteção de seus interesses e para sua interação com o mercado. O Direito considera a empresa como um patrimônio autônomo, vinculado à atividade econômica organizada.

A unidade da empresa é destacada por Ascarelli (1947, p. 28), que afirma que "a empresa deve ser entendida como uma organização unitária, cuja identidade jurídica transcende a soma dos bens que a compõem". Essa abordagem permite que a empresa seja tratada como um sujeito de direitos e deveres, facilitando sua atuação no mercado.

Embora a empresa não seja uma pessoa jurídica por si mesma, ela é frequentemente associada a figuras jurídicas específicas, como sociedades empresárias ou cooperativas. No Brasil, o Código Civil de 2002, em seu art. 982, define as sociedades empresárias como aquelas que exercem profissionalmente atividade econômica organizada para a produção ou circulação de bens ou serviços.

Paula Forgioni (2023, p. 55) observa que "a personalidade jurídica atribuída às sociedades empresárias é essencial para a separação entre os interesses do empresário e os da empresa, promovendo segurança jurídica e eficiência econômica".

A responsabilidade da empresa, especialmente em questões tributárias, ambientais e trabalhistas, é um dos principais desafios da compreensão jurídica contemporânea. A empresa moderna enfrenta uma tensão constante entre a busca por lucro e a necessidade de cumprir suas obrigações sociais e jurídicas.

A empresa contemporânea desempenha uma função econômica essencial, como motor de desenvolvimento e inovação. Além disso, sua função social tem ganhado destaque, especialmente em questões de responsabilidade ambiental e governança corporativa.

Fábio Ulhoa Coelho (2024, p. 221) ressalta que "a função social da empresa está intrinsecamente ligada ao cumprimento de sua finalidade econômica, na medida em que a atividade empresarial deve beneficiar não apenas os proprietários, mas também a sociedade como um todo".

No Brasil, a Constituição Federal de 1988 estabelece a função social da propriedade e da empresa, promovendo um equilíbrio entre interesses privados e coletivos.

A globalização e a tecnologia têm desafiado a compreensão jurídica tradicional da empresa. Modelos como *startups*, plataformas digitais e negócios baseados em inteligência artificial exigem novas abordagens jurídicas, demandando flexibilidade e inovação para que o direito continue a acompanhar as mudanças econômicas e sociais.

Além disso, o aumento da informalidade e das microempresas exige uma ampliação do conceito de empresa para incluir atividades econômicas que não se enquadram nos modelos tradicionais, compondo o que hoje é chamada de *economia popular solidária*.

A compreensão jurídica da empresa evoluiu significativamente, refletindo as transformações econômicas e sociais. Atualmente, a empresa é reconhecida como uma entidade central no Direito, com papel econômico, jurídico e social essencial.

No Brasil, a teoria da empresa adotada pelo Código Civil de 2002 representa um avanço ao ampliar o conceito de empresário e incluir novas formas de organização econômica. No entanto, os desafios contemporâneos exigem uma constante atualização do Direito para acompanhar as mudanças tecnológicas e globais.

2.1.3 A teoria da empresa e o Direito Empresarial contemporâneo

A partir do século XX, a adoção da teoria da empresa substituiu a abordagem tradicional do Direito Comercial centrada no "ato de comércio". Inspirada pelo Código Civil italiano de 1942, a teoria da empresa considera o empresário e sua atividade como o centro da regulação jurídica. Para Fran Martins (2019a, p. 32), "a teoria da empresa trouxe uma visão mais abrangente e moderna do Direito Empresarial, permitindo que este abarcasse diversas atividades econômicas, além do comércio tradicional".

No Brasil, a teoria da empresa foi incorporada pelo Código Civil de 2002, que unificou o Direito Comercial e o Civil em um único diploma normativo. O Livro II da Parte Especial trata especificamente da atividade empresarial, trazendo definições para empresário, estabelecimento e sociedades empresárias. O Código Civil de 2002 consolidou a modernização do Direito Empresarial brasileiro, alinhando-o à teoria da empresa e às exigências de uma economia globalizada (Coelho, 2024).

A unificação do Direito Comercial e Civil no Brasil foi um dos marcos mais importantes da evolução desse ramo jurídico. Antes disso, o Direito Comercial era predominantemente baseado no Código Comercial de 1850 e em legislações esparsas. Com a promulgação do Código Civil de 2002, a disciplina passou a adotar a teoria da empresa como base, substituindo o enfoque tradicional no "ato de comércio".

Segundo Gustavo Tepedino (2024, p. 96): "a adoção da teoria da empresa no Código Civil de 2002 modernizou o Direito Comercial brasileiro, aproximando-o das tendências jurídicas internacionais e oferecendo maior flexibilidade para abarcar as novas atividades econômicas".

A teoria da empresa define como *empresário* aquele que exerce atividade econômica organizada para a produção ou circulação de bens ou serviços, abrangendo tanto as sociedades empresárias quanto os empreendedores individuais. Essa abordagem trouxe maior coerência ao ordenamento jurídico, ao mesmo tempo em que ampliou o alcance das normas comerciais.

O Direito Empresarial continua evoluindo para acompanhar as transformações econômicas e tecnológicas. O avanço do comércio eletrônico, das *fintechs* e das *startups* desafia o ordenamento jurídico tradicional, exigindo adaptações rápidas e eficazes. Além disso, questões como sustentabilidade, governança corporativa e responsabilidade social estão se tornando centrais na regulação empresarial. A Lei das Sociedades Anônimas, por exemplo, já incorporou princípios de transparência e boa governança, refletindo a crescente importância de práticas éticas no mundo dos negócios. Para Eros Grau (2024, p. 77), "o futuro do Direito Empresarial está intrinsicamente ligado à capacidade de promover um equilíbrio entre eficiência econômica e justiça social".

2.2 Teoria subjetiva no Direito Empresarial

O Direito Empresarial é um ramo jurídico que regula as atividades econômicas organizadas voltadas para a produção e circulação de bens ou serviços. Durante sua evolução histórica, esse ramo passou por diferentes fases e perspectivas, sendo uma das mais influentes a chamada *teoria subjetiva*, que fundamentou a disciplina durante séculos. Essa teoria concentra-se na figura do comerciante como elemento central do Direito Comercial, distinguindo-se da posterior *teoria objetiva*, que desloca o foco para a atividade empresarial.

A seguir, discutiremos o surgimento, o desenvolvimento e o declínio da teoria subjetiva do Direito Empresarial, bem como seu impacto na construção do ordenamento jurídico, com destaque para suas limitações no contexto contemporâneo.

2.2.1 Origem da teoria subjetiva

A teoria subjetiva tem suas raízes históricas no Direito Comercial medieval, que surgiu para atender às necessidades das corporações de mercadores e suas atividades. Naquela época, a normatização das práticas comerciais era baseada na *lex mercatoria*, uma lei de natureza costumeira criada e aplicada pelos próprios comerciantes.

De acordo com Fran Martins (2019a), a teoria subjetiva compreendia o Direito Comercial como um conjunto de normas destinado exclusivamente a regular as atividades daqueles reconhecidos como comerciantes. Essa perspectiva baseava-se na concepção de que o comércio era uma atividade exercida por um grupo específico, detentor de direitos e obrigações próprios.

Os comerciantes, portanto, eram os sujeitos centrais da disciplina, e o acesso a esse *status* dependia do preenchimento de requisitos legais, como o registro em corporações mercantis. O comerciante era o pilar sobre o qual se erigia todo o edifício do Direito Comercial, visto como um direito de classe.

2.2.2 Marco jurídico: Código Comercial Francês de 1807

O advento do *Code de Commerce* francês de 1807 consolidou a teoria subjetiva no Direito Comercial moderno. O código definia *comerciante* como aquele que pratica atos de comércio e faz disso sua profissão habitual. Essa definição tornou-se uma referência para os sistemas jurídicos que adotaram o modelo francês, incluindo o Brasil com o Código Comercial de 1850.

Segundo René David (2019, p. 274) "o *Code de Commerce* codificou a ideia de que o Direito Comercial deveria ser aplicado aos comerciantes, estabelecendo critérios claros para identificar quem se enquadrava nessa categoria". Essa abordagem contribuiu para a sistematização das normas comerciais, mas também trouxe limitações, como a exclusão de atividades econômicas que não se encaixavam no perfil tradicional do comerciante.

No Brasil, o Código Comercial de 1850 adotou a mesma lógica, dividindo o direito em duas partes: a primeira aplicável a comerciantes em geral, e a segunda, ao comércio marítimo. O Código Comercial brasileiro foi influenciado pelo modelo francês, consolidando a centralidade do comerciante na definição das relações comerciais.

2.2.3 Características da teoria subjetiva

A teoria subjetiva apresenta três características fundamentais:

- **Centralidade no comerciante:** o Direito Comercial aplicava-se apenas às pessoas físicas ou jurídicas reconhecidas como comerciantes, segundo critérios legais.
- **Exclusividade das normas comerciais:** somente aqueles que detinham o *status* de comerciante estavam sujeitos às normas do Direito Comercial.
- **Ato de comércio como elemento secundário:** embora os atos de comércio fossem importantes, sua relevância era acessória, servindo para identificar a atividade do comerciante.

De acordo com Fábio Ulhoa Coelho (2024, p. 37), "o foco na figura do comerciante refletia uma visão limitada e excludente, inadequada para uma economia em expansão, marcada pela diversidade de atividades econômicas".

2.2.4 Limitações da teoria subjetiva

Com o avanço da industrialização e a diversificação das atividades econômicas no século XIX, a teoria subjetiva começou a revelar suas limitações. A principal crítica residia na exclusividade atribuída ao comerciante, que excluía uma vasta gama de atividades econômicas não comerciais, mas igualmente relevantes para o desenvolvimento econômico.

Segundo Cesare Vivante (2007, p. 201), "o Direito Comercial precisava superar sua abordagem subjetiva para abarcar atividades econômicas organizadas, independentemente do *status* de quem as realizava". Esse pensamento abriu caminho para a formulação da teoria objetiva, que deslocou o foco do comerciante para a atividade empresarial.

Outro ponto crítico era a dificuldade em adaptar a teoria subjetiva às mudanças econômicas. "A teoria mostrava-se insuficiente para atender às demandas de uma economia globalizada e tecnológica, que exigia um direito mais abrangente e dinâmico", afirma Paula Forgioni (2023, p. 48).

O declínio da teoria subjetiva culminou na substituição gradual pelo modelo objetivo, que se consolidou no século XX. A teoria objetiva, baseada na teoria da empresa, passou a definir *Direito Empresarial* como o conjunto de normas aplicáveis à atividade econômica organizada, independentemente do *status* de comerciante.

A Itália foi pioneira nesse processo, ao adotar a teoria da empresa no Código Civil de 1942. Esse modelo influenciou diversos países, incluindo o Brasil, que incorporou a teoria da empresa no Código Civil de 2002. A transição para a teoria da empresa representou uma revolução no Direito Comercial, ampliando seu alcance e adequando-o às demandas contemporâneas (Tepedino, 2024).

No Brasil, a unificação do Direito Civil e Comercial no Código Civil de 2002 extinguiu a divisão entre comerciantes e não comerciantes, voltando-se para a atividade empresarial.

> Fábio Ulhoa Coelho (2024, p. 40) destaca que "a adoção da teoria da empresa no Brasil foi um marco de modernização, rompendo com a rigidez da Teoria Subjetiva".

A teoria subjetiva desempenhou um papel fundamental na consolidação do Direito Comercial ao estruturar normas específicas para regular as atividades dos comerciantes. Contudo, suas limitações tornaram-se evidentes frente às transformações econômicas e sociais, abrindo espaço para a emergência da teoria objetiva e da teoria da empresa.

Embora tenha sido substituída como fundamento do Direito Empresarial, a teoria subjetiva permanece relevante para compreender a evolução histórica da disciplina e os desafios enfrentados no processo de adaptação às mudanças econômicas e tecnológicas.

2.3 Teoria objetiva no Direito Empresarial

A teoria objetiva do Direito Empresarial representa uma ruptura com as concepções clássicas do Direito Comercial, especialmente aquelas sustentadas pela teoria subjetiva. Esta última centra-se na figura do comerciante como sujeito de direitos e deveres, e a teoria objetiva desloca o foco para a atividade econômica organizada, ou seja, para a empresa. Essa mudança reflete as transformações econômicas e sociais ocorridas a partir do século XIX, marcadas pela industrialização, diversificação das atividades econômicas e globalização.

Nesta seção, analisaremos a origem, os fundamentos e o desenvolvimento da teoria objetiva, destacando suas implicações no ordenamento jurídico brasileiro e sua contribuição para a modernização do Direito Empresarial.

2.3.1 Origem e conceito da teoria objetiva

A teoria objetiva surgiu como resposta às limitações da teoria subjetiva, que restringia a aplicação do Direito Comercial às atividades realizadas por comerciantes formalmente reconhecidos. O crescimento da industrialização e o surgimento de novas atividades econômicas, como fábricas, serviços financeiros e atividades tecnológicas, evidenciaram a necessidade de um conceito mais abrangente e inclusivo.

Cesare Vivante (2007, p. 294), um dos precursores da teoria objetiva, afirma que "o Direito Comercial deve regular todas as atividades econômicas organizadas para a produção e circulação de bens e serviços, independentemente do *status* jurídico de quem as realiza". Para Vivante (2007), a essência do Direito Comercial não reside no comerciante, mas na empresa, entendida como a organização voltada para fins econômicos.

Na teoria objetiva, a empresa é o elemento central, definida por Gustavo Tepedino (2024, p. 102) como "uma atividade econômica organizada que, de forma profissional e contínua, busca a produção ou circulação de bens e serviços". Essa definição desloca o eixo da disciplina para a atividade em si, permitindo uma aplicação mais ampla e coerente com a realidade econômica.

O marco jurídico mais relevante na consolidação da teoria objetiva foi o Código Civil Italiano de 1942, que adotou expressamente a teoria da empresa como base do Direito Comercial. Esse código substituiu o conceito de comerciante pelo de *empresário*, definido como aquele que exerce uma atividade econômica organizada de modo profissional.

De acordo com Ascarelli (1947, p. 30), "a teoria da empresa permitiu uma redefinição do Direito Comercial, abrangendo atividades econômicas que anteriormente não se enquadravam na categoria de atos de comércio". Essa mudança foi essencial para alinhar o Direito Comercial às novas demandas da sociedade industrial e tecnológica. O modelo italiano influenciou diversos países, incluindo o Brasil, que incorporou a teoria da empresa no Código Civil de 2002.

2.3.2 Características fundamentais da teoria objetiva

A teoria objetiva apresenta algumas características centrais que a diferenciam da teoria subjetiva:

- **Centralidade na empresa:** o foco recai sobre a atividade econômica organizada, e não sobre o comerciante.
- **Universalidade de aplicação:** o Direito Empresarial aplica-se a qualquer atividade econômica organizada, independentemente do *status* formal de comerciante.
- **Flexibilidade e modernidade:** a teoria permite abarcar novas formas de organização econômica, como *startups*, *fintechs* e comércio eletrônico.

A teoria objetiva do Direito Empresarial reflete a evolução do mercado e da economia, oferecendo maior adaptabilidade às transformações sociais e tecnológicas.

2.3.3 Teoria objetiva no Brasil: adoção e impactos

A introdução da teoria objetiva no Brasil foi consolidada com o Código Civil de 2002, que unificou o Direito Civil e o Comercial sob uma perspectiva empresarial. O conceito de empresário, definido no art. 966 do Código Civil, reflete os princípios da teoria da empresa, estabelecendo que "considera-se empresário quem exerce profissionalmente atividade econômica organizada para a produção ou a circulação de bens ou de serviços" (Brasil, 2002).

Essa definição representa um avanço em relação ao modelo subjetivo do Código Comercial de 1850, pois amplia o alcance do Direito Empresarial. Segundo Paula Forgioni (2023, p. 38), "o Código Civil de 2002 rompeu com a visão tradicional do comerciante e adotou uma abordagem moderna e inclusiva, baseada na teoria da empresa".

Além disso, o Código Civil introduziu conceitos fundamentais para a aplicação da teoria objetiva, como:

- **Empresário individual**: pessoa física que exerce atividade econômica organizada.
- **Sociedade empresária**: pessoa jurídica que exerce atividade econômica organizada de maneira coletiva.
- **Sociedade limitada unipessoal (SLU) e microempreendedor individual (MEI)**: categorias específicas que refletem a diversidade do empresariado.

Fábio Ulhoa Coelho (2024, p. 85) destaca que "a Teoria Objetiva não apenas modernizou o Direito Empresarial, mas também trouxe maior segurança jurídica para as relações econômicas, ao oferecer critérios claros e abrangentes para a definição de empresário".

2.3.4 Vantagens e desvantagens da teoria objetiva

A teoria objetiva oferece diversas vantagens em relação ao modelo subjetivo:

- **Abrangência**: permite a inclusão de atividades econômicas modernas, como tecnologia, serviços financeiros e comércio eletrônico.
- **Flexibilidade**: facilita a adaptação do Direito Empresarial às mudanças econômicas e tecnológicas.
- **Coerência jurídica**: elimina as barreiras artificiais criadas pela distinção entre comerciantes e não comerciantes.
- **Incentivo à inovação**: reconhece novas formas de organização econômica, como *startups* e plataformas digitais.

Embora a teoria objetiva tenha representado um avanço significativo, ela ainda enfrenta desafios no contexto contemporâneo. A definição de atividade econômica organizada, por exemplo, pode gerar dúvidas interpretativas, especialmente em relação a atividades informais ou inovadoras.

> Gustavo Tepedino (2024, p. 28) destaca que "o conceito de empresa ainda precisa ser continuamente revisado e adaptado para atender às novas demandas econômicas, como economia digital, sustentabilidade e governança corporativa".

Outro desafio é a integração da teoria da empresa com outras áreas do Direito, como o Direito do Consumidor e o Direito Ambiental. A crescente demanda por responsabilidade social empresarial também exige uma abordagem mais ampla e inclusiva.

A teoria objetiva do Direito Empresarial representa um marco na evolução da disciplina ao deslocar o foco do comerciante para a atividade econômica organizada. Essa abordagem permitiu a modernização do Direito Empresarial, tornando-o mais abrangente, flexível e adequado às demandas de uma economia globalizada e tecnológica.

No Brasil, a adoção da teoria da empresa pelo Código Civil de 2002 foi um passo decisivo para consolidar a teoria objetiva, refletindo a necessidade de alinhar o ordenamento jurídico às transformações econômicas e sociais. Apesar dos desafios interpretativos e das demandas contemporâneas, a teoria objetiva continua sendo um pilar fundamental do Direito Empresarial moderno.

A formação e evolução do Direito Empresarial refletem o dinamismo das relações econômicas no decurso da história. Desde suas origens na Antiguidade até os desafios contemporâneos, o Direito Empresarial tem se adaptado às necessidades de organização e regulação da economia. No Brasil, essa evolução foi marcada pela influência de modelos europeus, mas também por adaptações às especificidades locais. Assim, o Direito Empresarial continua sendo um campo essencial para a promoção do desenvolvimento econômico e da segurança jurídica, contribuindo para a construção de uma sociedade mais equitativa e sustentável.

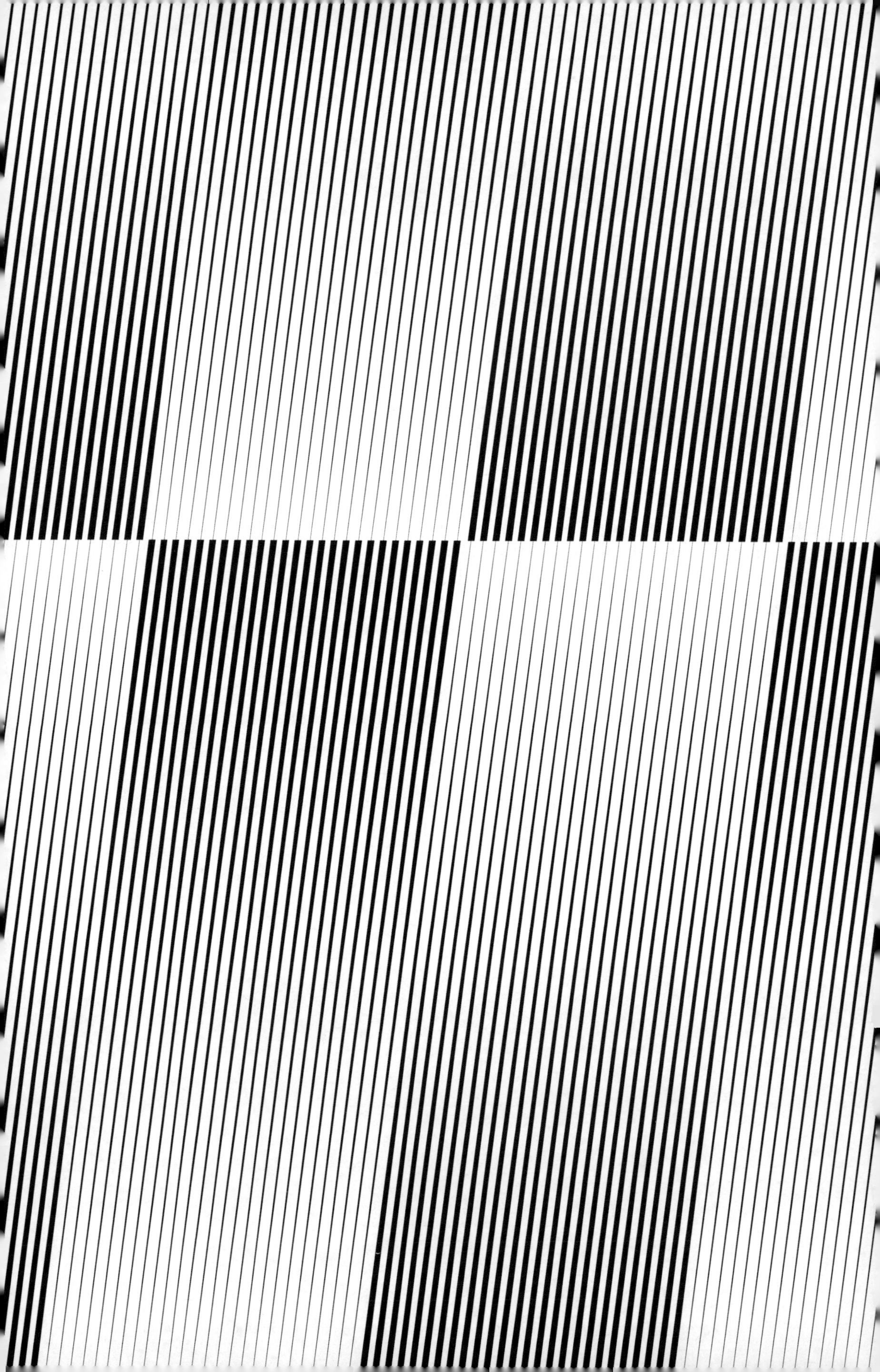

Capítulo 3
Empresas individuais no Direito brasileiro

As empresas individuais representam um pilar essencial da economia brasileira, servindo como instrumento de formalização de pequenos negócios e contribuindo significativamente para a geração de empregos e a distribuição de renda. Segundo Fábio Ulhoa Coelho (2023, p. 30), "a empresa é uma atividade organizada para a produção ou circulação de bens ou de serviços". Nesse sentido, as empresas individuais materializam a prática empresarial em sua forma mais básica, possibilitando que pessoas físicas iniciem atividades econômicas de maneira legal e organizada.

No âmbito jurídico, as empresas individuais ocupam um lugar de destaque em razão de sua acessibilidade e flexibilidade. Elas permitem a formalização de pequenos empreendedores e oferecem uma alternativa para aqueles que buscam ingressar no mercado de maneira simplificada. Conforme explica Fran Martins (2019a, p. 43), "o empresário individual representa a figura mais antiga do direito comercial, sendo uma expressão do princípio da liberdade de iniciativa, tão caro ao desenvolvimento das economias modernas".

A importância das empresas individuais não se limita ao contexto econômico. Sob o aspecto jurídico, essas modalidades são essenciais para compreender a interação entre Direito Civil, Direito Comercial e Direito Tributário. Como destaca Modesto Carvalhosa (2021, p. 62): "a figura do empresário individual reflete uma tentativa de adaptar a legislação à realidade de micro e pequenos empreendedores, buscando garantir segurança jurídica ao mesmo tempo que simplifica os procedimentos necessários para a formalização".

Neste capítulo, nosso objetivo é realizar uma análise aprofundada das empresas individuais no direito brasileiro, com ênfase nos aspectos jurídicos que norteiam a sua constituição e funcionamento. Pretendemos abordar as principais modalidades de empresa individual – empresário individual, microempreendedor individual (MEI) e empresa individual de responsabilidade limitada (Eireli) –, destacando suas peculiaridades, vantagens e limitações. Além disso, busca-se compreender o impacto de mudanças legislativas recentes, como a Lei da Liberdade Econômica (Lei n. 13.874/2019) e a substituição gradual da Eireli pela sociedade limitada unipessoal (SLU), conforme previsto no Código Civil.

É importante destacar que as empresas individuais são parte fundamental do arcabouço jurídico-empresarial brasileiro, representando não apenas uma ferramenta de estímulo à formalização de negócios, mas também um meio de acesso à cidadania e inclusão econômica.

> Como afirma Arnoldo Wald (2020, p. 89): "a empresa individual é o reflexo do empreendedorismo em sua essência, mostrando que o direito pode e deve servir como instrumento de desenvolvimento econômico e social".

As empresas individuais desempenham um papel de destaque na economia brasileira, representando a porta de entrada para a formalização de pequenos negócios e a consolidação do empreendedorismo no país. Historicamente, elas refletem a essência do princípio da liberdade de iniciativa, consagrado no art. 170 da Constituição Federal de 1988. Além disso, essas modalidades empresariais constituem mecanismos essenciais para o desenvolvimento econômico, promovendo a inclusão social e o fortalecimento das relações comerciais.

No Brasil, as empresas individuais apresentam diferentes modalidades jurídicas que buscam atender à diversidade de empreendedores e de atividades econômicas. A figura do empresário individual, presente no Código Civil, o MEI, criado pela Lei Complementar n. 123/2006, e a Eireli, introduzida pela Lei n. 12.441/2011 (transformada em SLU posteriormente), destacam-se como alternativas viáveis e adaptáveis às necessidades do mercado. Cada uma dessas formas apresenta características próprias, que variam em termos de requisitos legais, responsabilidades patrimoniais e benefícios tributários.

O conceito de empresa individual tem raízes históricas no Direito Comercial clássico, em que o comerciante individual era a figura central das relações econômicas. Conforme Rubens Requião (2019, p. 21): "o comerciante era identificado como aquele que praticava atos de comércio, sendo o precursor do empresário contemporâneo". Com a edição do Código Civil de 2002, o comerciante foi substituído pela figura do empresário, definida no art. 966 como aquele que exerce profissionalmente atividade econômica organizada para a produção ou a circulação de bens ou serviços.

A partir do século XXI, a legislação brasileira passou a reconhecer a necessidade de oferecer diferentes formas jurídicas de empresas individuais, adequadas às novas dinâmicas do mercado. A criação do MEI e da Eireli (atual SLU) são exemplos desse movimento legislativo, que busca equilibrar simplicidade burocrática e proteção patrimonial.

Cada modalidade de empresa individual apresenta características distintas. O empresário individual opera sob responsabilidade ilimitada, vinculando todo o seu patrimônio pessoal às obrigações da empresa. Já o MEI, criado para atender a pequenos empreendedores, tem limites de faturamento e oferece vantagens tributárias e previdenciárias. Por outro lado, a Eireli introduziu a possibilidade de responsabilidade limitada, protegendo o patrimônio pessoal do empreendedor, desde que respeitado o requisito de capital social mínimo.

Como afirma Fábio Ulhoa Coelho (2020, p. 15): "essas modalidades refletem diferentes níveis de sofisticação jurídica e proteções patrimoniais, respondendo às necessidades diversificadas do mercado".

O Código Civil e legislações complementares fornecem a base normativa para a constituição e operação das empresas individuais. A doutrina brasileira contribui para a interpretação dessas normas, enriquecendo o debate sobre os direitos e deveres dos empreendedores individuais.

3.1 Empresário individual

O empresário individual é uma das modalidades jurídicas mais simples e acessíveis de organização empresarial no Brasil, regulamentada pelo Código Civil de 2002 (Lei n. 10.406/2002). Ele é definido como uma pessoa física que exerce, em nome próprio, uma atividade econômica organizada para a produção ou circulação de bens ou serviços, com o objetivo de obter lucro.

A base legal do empresário individual encontra-se nos arts. 966 a 980 do Código Civil. De acordo com o art. 966, considera-se *empresário* aquele que exerce profissionalmente uma atividade econômica organizada, salvo os casos de exercício de profissão intelectual, de natureza científica, literária ou artística, a menos que essa atividade constitua elemento de empresa.

Uma característica marcante desse modelo jurídico é a responsabilidade ilimitada, estabelecida pelo art. 991 do Código Civil. O empresário responde com todos os seus bens pessoais pelas obrigações contraídas em razão da atividade empresarial, o que aumenta os riscos patrimoniais em casos de inadimplência.

O registro como empresário individual é regulamentado pela Lei n. 8.934/1994, que dispõe sobre o Registro Público de Empresas Mercantis e Atividades Afins. O processo inclui:

- **Inscrição na Junta Comercial**: é obrigatório o arquivamento do Requerimento de Empresário, que confere ao empreendedor a condição de empresário individual.
- **Obtenção do CNPJ**: o registro no Cadastro Nacional de Pessoa Jurídica (CNPJ), regulado pela Instrução Normativa RFB n. 2.005/2021, é necessário para o início das atividades empresariais.
- **Cumprimento de obrigações fiscais e tributárias**: a escolha do regime tributário (Simples Nacional, Lucro Presumido ou Lucro Real) deve seguir os critérios previstos na Lei Complementar n. 123/2006, no caso do Simples Nacional, e na legislação tributária federal para os demais regimes.

Apesar de sua simplicidade e acessibilidade, o empresário individual enfrenta a limitação da ausência de separação entre o patrimônio pessoal e empresarial. Essa característica pode ser um fator de risco para o empreendedor, especialmente em setores de maior volatilidade econômica.

Por outro lado, sua principal vantagem está na facilidade de constituição e gestão, pois não exige capital social mínimo, nem sócios, reduzindo custos iniciais e burocracias.

A introdução de outras estruturas jurídicas, como a Eireli, regulamentada pelo Código Civil (art. 980-A, revogado em 2021), e a SLU, instituída pela Lei n. 13.874/2019 (Lei da Liberdade Econômica), trouxe alternativas mais seguras para os empreendedores que desejam limitar sua responsabilidade patrimonial.

O empresário individual continua sendo uma modalidade relevante para micro e pequenos empreendedores, especialmente em atividades econômicas de menor risco financeiro. No entanto, a escolha por essa forma jurídica deve considerar cuidadosamente os aspectos legais e patrimoniais, avaliando alternativas mais modernas que oferecem maior segurança jurídica e proteção ao patrimônio pessoal.

O art. 966 do Código Civil define *empresário* como aquele que exerce profissionalmente atividade econômica organizada, conceito que também se aplica ao empresário individual. De acordo com Gladston Mamede (2020, p. 47): "o empresário individual é a figura mais simples e antiga do direito empresarial, sendo marcada pela ausência de personalidade jurídica distinta da pessoa física que a exerce".

3.2 Microempreendedor individual (MEI)

O MEI foi introduzido pela Lei Complementar n. 123/2006 como uma solução para formalizar pequenos empreendedores. Segundo Arnoldo Wald (2021, p. 89): "o MEI democratizou o acesso ao mercado empresarial, ao reduzir a burocracia e oferecer benefícios tributários".

O MEI é destinado a empreendedores com faturamento anual limitado e que não empreguem mais de um funcionário. Suas vantagens incluem contribuição previdenciária reduzida e regime tributário simplificado.

Para ser enquadrado como MEI, o empreendedor deve cumprir determinados requisitos legais. Entre eles, destacam-se:

- ter um faturamento anual limitado;
- não ser sócio ou administrador de outra pessoa jurídica;
- exercer uma das atividades econômicas permitidas pelo regime, conforme relação estabelecida pela Receita Federal.

Segundo Fábio Ulhoa Coelho (2020, p. 72): "o enquadramento do MEI reflete um esforço do legislador para equilibrar simplicidade com critérios objetivos, garantindo que apenas os microempreendedores sejam beneficiados pelo regime".

Além disso, o MEI é autorizado a empregar até um funcionário, desde que respeite o teto salarial e as obrigações trabalhistas exigidas pela Consolidação das Leis do Trabalho (CLT).

O MEI está enquadrado no Simples Nacional, regime tributário que unifica e simplifica o recolhimento de tributos. Em vez de pagar impostos federais, estaduais e municipais de maneira separada, o MEI recolhe um valor fixo mensal, que varia de acordo com a atividade econômica exercida.

Para Modesto Carvalhosa (2021, p. 45), "o regime tributário do MEI é um modelo de simplificação inédito no Brasil, ao desonerar os pequenos empreendedores e reduzir a carga tributária de forma proporcional à capacidade econômica".

Ao contribuir para o MEI, o empreendedor tem direito a benefícios previdenciários como aposentadoria por idade ou invalidez, auxílio-doença, salário-maternidade e pensão por morte para os dependentes.

De acordo com Rubens Requião (2019, p. 90), "o aspecto previdenciário do MEI é um dos seus maiores atrativos, pois assegura aos trabalhadores autônomos direitos sociais essenciais, historicamente inacessíveis a essa parcela da população".

O teto de faturamento anual de R$ 81.000,00 é frequentemente criticado por ser insuficiente para determinados setores econômicos, especialmente em períodos de alta inflação.

Fábio Ulhoa Coelho (2023, p. 85) observa que: "o limite de faturamento, embora necessário para manter o caráter simplificado do regime, muitas vezes restringe o crescimento de negócios que poderiam evoluir para patamares mais elevados de formalização".

Outro ponto controverso é a exclusão de algumas atividades econômicas do regime do MEI, o que limita o acesso de determinados empreendedores aos benefícios oferecidos.

Conforme Gladston Mamede (2020, p. 95), "a lista restritiva de atividades permitidas no MEI reflete uma visão limitada do legislador, que deveria ampliar o alcance do regime para incluir novos setores produtivos".

O impacto do MEI na economia brasileira é expressivo, especialmente no que diz respeito à formalização de trabalhadores informais e à geração de renda. Segundo Arnoldo Wald (2021, p. 78), "o MEI é uma política pública de sucesso, ao trazer milhões de empreendedores para a legalidade e contribuir para o aumento da arrecadação fiscal e da inclusão social".

Além disso, o MEI desempenha um papel relevante na geração de empregos ao permitir que microempreendedores contratem formalmente seus funcionários, contribuindo para a redução do desemprego.

Entre as críticas ao regime do MEI, destaca-se a necessidade de modernização das normas legais para atender às demandas do mercado contemporâneo. Maria Helena Diniz (2021, p. 120) afirma que "o legislador deve considerar as transformações econômicas e tecnológicas ao atualizar o regime do MEI, de forma a torná-lo mais abrangente e eficiente". Uma perspectiva futura relevante é a ampliação do limite de faturamento e a inclusão de novas atividades econômicas, bem como a revisão das obrigações acessórias exigidas dos microempreendedores.

O MEI é uma modalidade jurídica essencial no contexto do Direito Empresarial brasileiro, pois promove a formalização de pequenos negócios e contribui para o desenvolvimento econômico e social. Apesar de suas limitações, o regime do MEI representa uma política pública de sucesso, que trouxe milhões de trabalhadores para a legalidade e garantiu a eles benefícios fiscais e previdenciários.

3.3 Empresa individual de responsabilidade limitada (Eireli) e sociedade limitada unipessoal (SLU)

A Eireli foi instituída pela Lei n. 12.441/2011, permitindo ao empreendedor usufruir de responsabilidade limitada, desde que integralize um capital social mínimo de 100 salários mínimos.

Embora inovadora, a exigência de capital social mínimo gerou críticas. Com a Lei da Liberdade Econômica, a SLU passou a ser preferida pelos empreendedores.

Modesto Carvalhosa (2021, p. 72) aponta que "a exigência de um capital social elevado é desproporcional à realidade de muitos empreendedores, o que limita o alcance da EIRELI enquanto instrumento de inclusão empresarial". Além disso, com o advento da sociedade limitada unipessoal, a Eireli perdeu relevância prática, sendo gradualmente substituída no mercado.

Para Jorge Lobo (2021, p. 94), "a sociedade limitada unipessoal, ao eliminar a necessidade de capital social mínimo, tornou-se uma alternativa mais viável e atrativa para os empreendedores individuais que desejam proteção patrimonial".

Antes da introdução da SLU, o Direito brasileiro apresentava duas principais opções para empreendedores individuais que desejavam formalizar suas atividades:

- empresário individual, modelo que não prevê separação entre o patrimônio pessoal e o empresarial, resultando em responsabilidade ilimitada; e

- Eireli, que garantia a separação patrimonial, mas exigia um capital social mínimo de 100 vezes o salário mínimo vigente.

A exigência de um capital elevado afastava muitos pequenos empreendedores da Eireli, forçando-os a optar pelo modelo de empresário individual, mesmo com os riscos de responsabilidade ilimitada.

Maria Helena Diniz (2021, p. 85) ressalta que "o modelo da EIRELI, embora inovador à época, não foi suficiente para atender às necessidades dos pequenos empreendedores, devido à barreira imposta pelo capital mínimo".

Inspirada em modelos internacionais como o da Alemanha e de Portugal, a SLU foi introduzida no ordenamento jurídico brasileiro pela Lei n. 13.874/2019. Sua criação visou atender aos seguintes objetivos:

- reduzir a burocracia para abertura de empresas;
- facilitar a formalização de negócios, especialmente os de pequeno porte;
- ampliar o acesso à proteção patrimonial para empresários individuais;
- estimular a atividade empreendedora no Brasil.

Para Arnoldo Wald (2021, p. 88), "a SLU representa um passo significativo na modernização do direito societário brasileiro, ao oferecer uma solução eficiente e acessível para a constituição de empresas unipessoais".

A SLU é dotada de personalidade jurídica própria, o que significa que a empresa possui direitos e obrigações independentes do seu titular. Essa separação patrimonial é fundamental para garantir a limitação da responsabilidade do sócio.

O sócio único responde apenas pelo valor de suas quotas na SLU, salvo nos casos previstos em lei, como abuso de personalidade jurídica, desvio de finalidade ou confusão patrimonial (art. 50 do Código Civil).

De acordo com Gladston Mamede (2020, p. 34), "a limitação da responsabilidade é um mecanismo essencial para estimular o empreendedorismo, pois oferece segurança jurídica ao sócio único".

Diferentemente da EIRELI, a SLU não exige um capital social mínimo, o que torna sua constituição mais acessível. Essa característica é especialmente relevante para pequenos empresários e startups, que frequentemente não dispõem de grande capital inicial.

A constituição de uma SLU segue regras similares às das sociedades limitadas tradicionais, mas com adaptações para refletir sua natureza unipessoal:

- **Contrato social**: deve ser registrado na Junta Comercial, indicando o sócio único e suas quotas.
- **Nome empresarial**: a SLU deve incluir a expressão "Limitada" ou sua abreviação "Ltda." em sua razão social.

- **Capital social**: não há exigência de um valor mínimo, ficando a critério do sócio único definir o montante inicial.

A SLU representa uma evolução significativa no direito societário brasileiro, proporcionando maior flexibilidade, proteção patrimonial e simplicidade no processo de formalização empresarial. Embora ainda enfrente desafios, sua introdução foi um avanço importante, alinhado às demandas do mercado e às tendências internacionais.

3.4 Comparação entre os tipos de empresas individuais

Embora todas as modalidades de empresas individuais visem atender ao mesmo objetivo geral – possibilitar o exercício de atividade econômica organizada por uma única pessoa –, elas têm diferenças significativas em termos de responsabilidade patrimonial, requisitos de constituição e benefícios oferecidos.

> Maria Helena Diniz (2021, p. 88) esclarece que "a escolha do tipo de empresa individual deve ser pautada pelas características do negócio e pelo nível de risco associado à atividade econômica".

O empresário individual é mais simples e acessível, ao passo que o MEI oferece vantagens tributárias e previdenciárias, e a SLU assegura maior proteção ao patrimônio do empreendedor.

Waldo Fazzio Júnior (2020, p. 77) sintetiza que "os diferentes modelos de empresas individuais refletem uma tentativa do legislador de equilibrar liberdade de iniciativa e segurança jurídica, adaptando o direito empresarial à pluralidade de perfis econômicos existentes no Brasil".

Os tipos de empresas individuais no Direito brasileiro desempenham um papel estratégico no fomento ao empreendedorismo e na formalização de negócios. O empresário individual, o MEI e a Eireli oferecem alternativas que conciliam simplicidade jurídica e segurança patrimonial, permitindo que empreendedores de diferentes perfis e setores ingressem na economia formal.

Entretanto, os desafios permanecem, especialmente no que se refere à adequação das normas às necessidades práticas dos empreendedores. A substituição gradual da Eireli pela SLU representa um passo importante nessa direção, mas ainda há espaço para melhorias legislativas que promovam maior inclusão econômica e proteção jurídica aos pequenos empresários.

Quadro 3.1 Comparativo entre os tipos de empresas individuais

Características	MEI (microempreendedor individual)	Empresário individual (EI)	Sociedade limitada unipessoal (SLU)
Natureza jurídica	Pessoa jurídica	Pessoa física com CNPJ	Pessoa jurídica
Responsabilidade do titular	Ilimitada (confunde-se com o patrimônio pessoal)	Ilimitada (confunde-se com o patrimônio pessoal)	Limitada ao capital social (não afeta bens pessoais, exceto em casos legais)
Exigência de sócios	Não permite sócios	Não permite sócios	Não exige sócios (o titular é único)
Capital social mínimo	Não exigido	Não exigido	Não há exigência mínima
Faturamento anual	Até R$ 144.900 (2023)	Até R$ 360.000 (Simples Nacional) ou ilimitado (fora do Simples)	Sem limite de faturamento
Atividades permitidas	Restritas às definidas para MEI	Qualquer atividade comercial, industrial ou de serviços	Qualquer atividade comercial, industrial ou de serviços
Responsabilidade patrimonial	Responde com bens pessoais	Responde com bens pessoais	Patrimônio separado do titular
Tributação disponível	Simples Nacional (com alíquota fixa simplificada)	Simples Nacional, Lucro Presumido ou Lucro Real	Simples Nacional, Lucro Presumido ou Lucro Real
Formalização e custo inicial	Fácil e gratuito (exceto pagamento de DAS mensal)	Mais complexo, com custos de abertura	Moderado, com custos de abertura
Possibilidade de participação em outras empresas	Não permitido	Permitido	Permitido
Transferência de titularidade	Não permitido	Não permitido	Permitido mediante alteração contratual
Transformação de tipo jurídico	Pode migrar para EI ou SLU ao crescer	Pode ser transformada em SLU ou Ltda.	Pode ser transformada em Ltda.
Principais vantagens	Simplicidade, baixa carga tributária, fácil formalização	Maior flexibilidade de faturamento e atividades	Responsabilidade limitada, sem exigência de sócios
Principais desvantagens	Limitação de faturamento e atividades	Responsabilidade ilimitada	Custos operacionais e formais mais altos

Capítulo 4

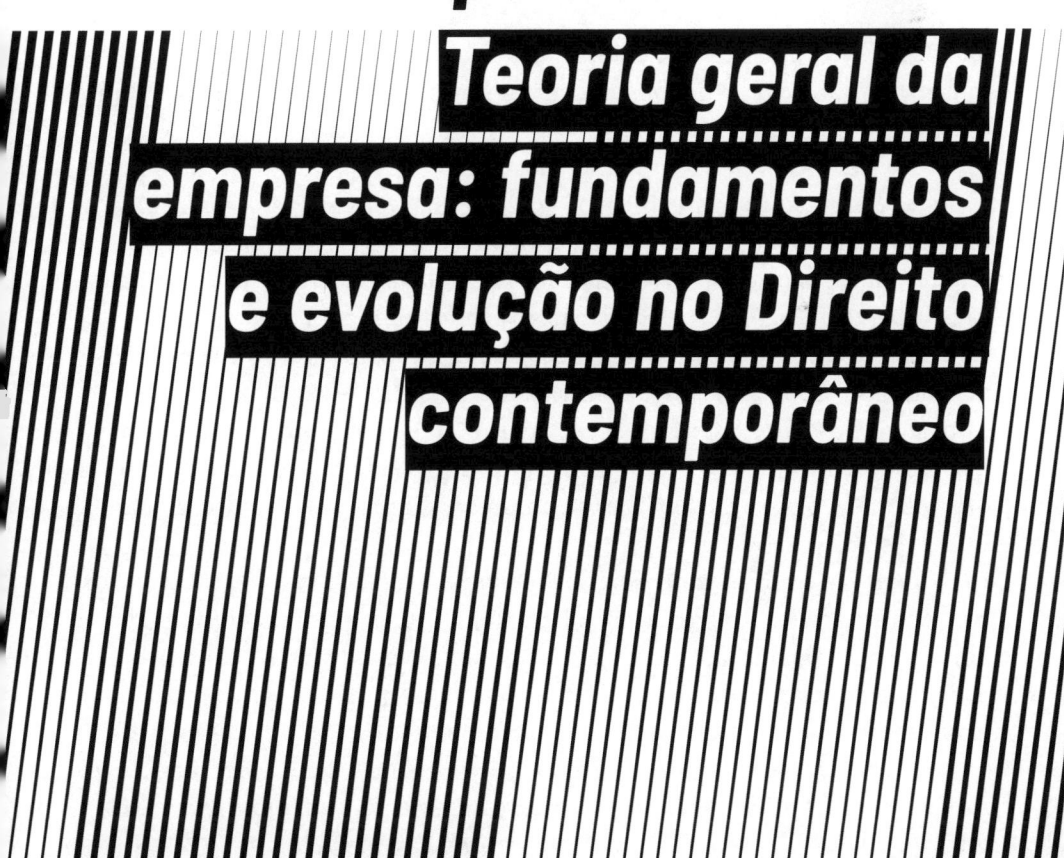

Teoria geral da empresa: fundamentos e evolução no Direito contemporâneo

Neste capítulo, exploraremos os fundamentos da teoria geral da empresa, abordando suas origens históricas, evolução conceitual e relevância no Direito Empresarial contemporâneo. A análise centraliza-se nos aspectos que estruturam a empresa como atividade econômica organizada e o empresário como sujeito dessa atividade, à luz da legislação brasileira e de doutrinas nacionais e internacionais. O estudo baseia-se em uma metodologia bibliográfica, com enfoque qualitativo, para identificar os principais elementos dessa teoria e sua aplicação prática no ordenamento jurídico atual.

A teoria geral da empresa, consolidada como eixo central do Direito Empresarial, busca organizar as atividades econômicas em um sistema jurídico que privilegie a eficiência, a segurança jurídica e o equilíbrio entre os interesses privados e coletivos. Sua adoção pelo ordenamento brasileiro, com a entrada em vigor do Código Civil de 2002, substituiu o paradigma dos atos de comércio pela concepção de atividade empresarial (Coelho, 2023a).

A teoria geral da empresa deriva do Direito Comercial, que surgiu como disciplina autônoma na Idade Média, quando os comerciantes se organizavam em corporações para regulamentar suas atividades (Ascarrelli, 1947). O modelo inicial, baseado nos atos de comércio, era restrito a atividades específicas, como compra e venda de mercadorias.

Com a industrialização e o crescimento do capitalismo, o conceito de empresa tornou-se mais abrangente, incorporando elementos como a organização do trabalho, a produção em larga escala e a busca por inovação. A substituição do critério subjetivo pelo objetivo, centrado na atividade, foi formalizada no Código Civil italiano de 1942, marco da transição para a teoria geral da empresa.

A empresa é definida como a atividade econômica organizada para a produção ou circulação de bens e serviços. De acordo com Coelho (2023a), a empresa não é um sujeito de direito, mas sim um conjunto de elementos coordenados para o alcance de um objetivo econômico. Para Fábio Konder Comparato (2016), a organização é o núcleo distintivo da empresa, diferenciando-a de atividades isoladas ou esporádicas.

O empresário é aquele que exerce profissionalmente a empresa, assumindo os riscos da atividade econômica. O Código Civil brasileiro, em seu art. 966, adota uma concepção ampla, abarcando tanto o empresário individual quanto as sociedades empresárias (Fiuza, 2023). Para Requião (2019, p. 48), "a caracterização do empresário exige habitualidade, pessoalidade na direção e autonomia na gestão".

A coordenação dos fatores de produção – trabalho, capital, tecnologia e insumos – é central na atividade empresarial. Esse elemento demonstra o caráter dinâmico da empresa como instituição econômica e social.

Embora a busca pelo lucro seja característica predominante, empresas sociais e cooperativas ampliam a concepção tradicional, demonstrando que nem toda atividade empresarial visa exclusivamente ao lucro, havendo outras formas de organização, conhecida como *economia social e solidária*.

Some-se a tais características o exercício habitual e profissional da atividade econômica é uma característica distintiva do empresário. A habitualidade reflete a continuidade da atividade, ao passo que o profissionalismo demonstra a dedicação e a especialização do agente econômico.

A empresa opera no mercado, espaço em que bens e serviços são trocados. Para Schumpeter (2017, p. 104), "a competitividade estimula a inovação e o crescimento econômico, papel fundamental das empresas no desenvolvimento das economias modernas".

A introdução da teoria geral da empresa no ordenamento jurídico brasileiro pelo Código Civil de 2002 representou uma ruptura com o modelo anterior, baseado nos atos de comércio. Conforme observa Orlando Gomes (2022), essa mudança alinha o Direito brasileiro aos sistemas jurídicos mais avançados, como o italiano e o francês, conferindo maior flexibilidade à regulação das atividades empresariais.

A adoção dessa teoria também trouxe implicações para a identificação e registro das sociedades empresárias, bem como para a aplicação do regime de falência e recuperação judicial, que são disciplinados pela Lei n. 11.101/2005.

Os desafios contemporâneos da teoria geral da empresa incluem a adaptação às novas tecnologias e ao comércio digital, que questionam a aplicação de conceitos tradicionais, como territorialidade e materialidade. Além disso, temas como sustentabilidade, responsabilidade social e *compliance* empresarial têm exigido uma releitura do papel da empresa na sociedade globalizada .

A teoria geral da empresa é um instrumento jurídico essencial para a organização e regulação das atividades econômicas, oferecendo uma base sólida para a compreensão do papel do empresário e da empresa na sociedade contemporânea. Contudo, sua aplicação prática requer constante revisão para atender às demandas sociais e econômicas de um mundo em transformação.

4.1 O estabelecimento comercial no Direito Empresarial brasileiro

Nesta seção, destacamos o papel do estabelecimento como instrumento de organização empresarial e como objeto de negócios jurídicos, considerando aspectos doutrinários e jurisprudenciais. Por meio de uma abordagem qualitativa e exploratória, o estudo examina as características essenciais do estabelecimento, os regimes aplicáveis e as implicações práticas de sua utilização como unidade econômica.

O estabelecimento comercial é elemento essencial no estudo do Direito Empresarial, sendo definido como o conjunto de bens organizado pelo empresário para o exercício de sua atividade econômica. Sua relevância decorre tanto da perspectiva econômica, como unidade produtiva, quanto da jurídica, como objeto de direitos e negócios específicos.

Nosso objetivo é analisar o conceito, os elementos e as principais questões jurídicas envolvendo o estabelecimento comercial, destacando sua regulação no Código Civil de 2002.

4.1.1 Conceito e natureza jurídica do estabelecimento comercial

O art. 1.142 do Código Civil define o *estabelecimento* como "todo complexo de bens organizado, para exercício da empresa, por empresário ou por sociedade empresária" (Brasil, 2002). Essa definição enfatiza o caráter unitário do estabelecimento, ainda que constituído por bens heterogêneos.

Para Fábio Ulhoa Coelho (2023, p. 77), "o estabelecimento não é apenas uma soma de bens, mas uma unidade organizada destinada ao exercício de uma atividade econômica". Do ponto de vista prático, ele compreende instalações, equipamentos, mercadorias e, em muitos casos, elementos intangíveis, como marcas e direitos de propriedade intelectual.

A doutrina diverge quanto à natureza jurídica do estabelecimento. Enquanto alguns autores o veem como uma universalidade de fato, organizada pelo empresário (Gomes, 2022), outros o classificam como uma universalidade de Direito, visto o regime jurídico que regula seu uso e sua alienação (Requião, 2019).

A jurisprudência do Superior Tribunal de Justiça (STJ) também reconhece o estabelecimento como um bem jurídico autônomo, conferindo-lhe tratamento diferenciado em relação aos bens isolados que o compõem. No julgamento do REsp n. 1.371.680/SP, o STJ afirmou que o estabelecimento comercial não se reduz aos bens singulares que o integram, mas constitui uma unidade econômica, dotada de valor próprio no mercado.

4.1.2 Elementos do estabelecimento comercial

O estabelecimento comercial é composto por elementos materiais e imateriais que, combinados, possibilitam o desenvolvimento da atividade econômica.

Os **elementos materiais** incluem instalações, equipamentos, mercadorias e outros bens corpóreos utilizados na operação do negócio. Segundo Fiúza (2023), esses elementos são indispensáveis à concretização da atividade empresarial.

Os **elementos imateriais**, como marcas, patentes, nome empresarial e clientela, têm valor significativo. Para Coelho (2023a, p. 90), "os bens intangíveis podem superar os bens corpóreos em importância econômica, especialmente em negócios voltados à inovação e à tecnologia".

A **clientela** é frequentemente apontada como o elemento central do estabelecimento. A clientela resulta da organização e do esforço empresarial, sendo fundamental para a manutenção da atividade econômica. A jurisprudência brasileira reconhece a importância da clientela na avaliação do **fundo de comércio**, como demonstrado no REsp n. 1.002.500/RJ.

4.1.3 O estabelecimento comercial como objeto de negócios jurídicos

A **alienação** do estabelecimento está disciplinada nos arts. 1.144 a 1.146 do Código Civil, exigindo, entre outros requisitos, o consentimento expresso ou tácito dos credores. Conforme Gomes (2022), essas disposições visam proteger o crédito, pois o estabelecimento é essencial à geração de receitas que garantem o pagamento das obrigações.

Por sua vez, o **arrendamento** e a **cessão de uso** do estabelecimento comercial são negócios jurídicos frequentemente utilizados, especialmente em contratos de franquia.

A jurisprudência destaca que tais negócios devem respeitar as regras de **publicidade** e **registro**, como no julgamento do REsp n. 1.275.116/RS, no qual o STJ afirmou que a falta de registro do contrato de arrendamento de estabelecimento não impede sua eficácia entre as partes, mas compromete a oponibilidade a terceiros.

4.1.4 Regulação e proteção jurídica do estabelecimento comercial

O art. 1.144 do Código Civil disciplina o **regime de publicidade e transparência**, exigindo a averbação da alienação do estabelecimento no registro público de empresas mercantis e sua publicação na imprensa oficial. Para Requião (2019), essa formalidade visa garantir segurança jurídica nas transações que envolvem o estabelecimento.

O Código Civil também contempla a **proteção aos credores**, estabelecendo que a alienação do estabelecimento não exonera o alienante de suas dívidas, salvo novação expressa pelos credores. Esse mecanismo protege os interesses dos credores e assegura a continuidade do fluxo econômico.

A transferência do estabelecimento pode acarretar **obrigações tributárias** específicas, como o pagamento de ITBI sobre a transmissão de bens imóveis, frequentemente incluídos no estabelecimento (Gomes, 2022).

Com o avanço da economia digital, novos desafios surgem para a regulação do estabelecimento comercial. Negócios digitais baseados na internet, como plataformas digitais, muitas vezes operam sem uma estrutura física convencional, exigindo adaptações legislativas e doutrinárias.

A jurisprudência começa a enfrentar essas questões, como no julgamento do REsp n. 1.700.573/SP, em que o STJ analisou a possibilidade de incluir ativos digitais no conceito de estabelecimento.

O estabelecimento comercial é uma peça central no Direito Empresarial brasileiro, combinando elementos materiais e imateriais em uma unidade econômica organizada. Sua regulação reflete a importância de equilibrar a proteção ao crédito, a segurança jurídica e a liberdade empresarial. Contudo, as mudanças econômicas e tecnológicas demandam constante revisão dos conceitos e das normas aplicáveis, garantindo que o estabelecimento continue sendo um instrumento eficiente de organização econômica.

4.2 Aviamento e clientela no Direito Empresarial brasileiro: aspectos teóricos e práticos

Nesta seção, analisaremos os conceitos de *aviamento* e de *clientela* no contexto do Direito Empresarial brasileiro, explorando sua relevância como elementos do estabelecimento empresarial e como fatores determinantes para a avaliação do valor de mercado de uma empresa. Abordaremos os fundamentos doutrinários e jurisprudenciais que embasam a matéria, destacando as implicações práticas e jurídicas do aviamento e da clientela na atividade empresarial e em negócios jurídicos, como a alienação do estabelecimento.

A atividade empresarial envolve a organização de bens e recursos com o objetivo de gerar lucro. Nesse contexto, dois conceitos ganham destaque: o *aviamento*, que representa o valor econômico do estabelecimento como unidade produtiva, e a *clientela*, elemento essencial para a viabilidade de qualquer empresa. Ambos são temas de relevância teórica e prática no Direito Empresarial.

4.2.1 Aviamento

O aviamento é definido como o valor econômico do estabelecimento comercial, resultante de sua capacidade de gerar lucro além do retorno normal dos bens isolados que o compõem (Coelho, 2023a). É a "aptidão lucrativa" do estabelecimento, um reflexo da combinação de elementos materiais e imateriais, incluindo a organização empresarial, a eficiência do gestor e a fidelidade da clientela.

Segundo Orlando Gomes (2022), o aviamento não é um bem autônomo, mas uma qualidade atribuída ao estabelecimento em razão de sua funcionalidade. Para Fábio Ulhoa Coelho (2023a), trata-se de um valor econômico intangível, mas mensurável, crucial na avaliação de empresas.

A doutrina diverge sobre a natureza jurídica do aviamento. Enquanto alguns autores o classificam como um atributo econômico do estabelecimento (Requião, 2019), outros o consideram um elemento imaterial do fundo de comércio. A jurisprudência brasileira adota, em geral, a visão funcional, reconhecendo o aviamento como fator econômico e jurídico que agrega valor ao estabelecimento.

No julgamento do REsp n. 1.600.489/SP, o STJ destacou que "o aviamento reflete a capacidade de exploração eficiente do estabelecimento, devendo ser considerado em sua alienação".

4.2.2 Clientela

A clientela é definida como o conjunto de consumidores que, de modo habitual, adquire bens ou serviços de uma empresa. A clientela resulta da atuação do empresário e constitui um dos elementos mais valiosos do estabelecimento.

Para Fábio Ulhoa Coelho (2023a, p. 94): "a clientela não é um grupo aleatório de consumidores, mas um público específico fidelizado pela organização empresarial, sendo um ativo estratégico para a sustentabilidade do negócio".

A clientela apresenta características distintas:

- **Fidelidade:** a relação de continuidade entre os consumidores e a empresa.
- **Dependência do estabelecimento:** a clientela é associada ao local e à organização do negócio.
- **Intangibilidade:** trata-se de um elemento imaterial, mas com valor econômico significativo.

A proteção à clientela é indireta, sendo garantida por normas que regulam a concorrência desleal e a proteção contra práticas anticompetitivas. A Lei n. 9.279/1996 (Lei de Propriedade Industrial) e o Código de Defesa do Consumidor (CDC) são instrumentos legais que contribuem para a proteção da clientela e do aviamento.

A jurisprudência reforça essa proteção. No julgamento do REsp n. 1.107.024/SP, o STJ destacou que práticas de concorrência desleal que desestabilizem a clientela de uma empresa violam direitos inerentes ao estabelecimento empresarial.

4.2.3 Relação entre aviamento e clientela

A clientela é considerada o principal fator do aviamento, já que a lucratividade do estabelecimento depende, em grande parte, da fidelidade e do volume de consumidores (Gomes, 2022). No entanto, o aviamento é mais abrangente, incluindo outros elementos, como a localização, o *know-how* e a reputação do empresário.

Segundo Requião (2019, p. 134), "o aviamento é a soma da clientela com outros fatores organizacionais e econômicos, resultando no valor adicional do estabelecimento enquanto unidade produtiva".

4.2.4 Avaliação econômica e alienação do estabelecimento comercial

A avaliação do aviamento ocorre principalmente em transações como a alienação do estabelecimento. De acordo com Coelho (2023a), o valor do aviamento pode ser estimado a partir da diferença entre o valor de mercado do estabelecimento e o valor isolado de seus bens.

A alienação do estabelecimento comercial, regulada pelos arts. 1.142 a 1.149 do Código Civil, exige a consideração do aviamento e da clientela para a fixação do preço e a negociação entre as partes.

A jurisprudência também reconhece a importância desses elementos. No REsp n. 1.275.116/RS, o STJ decidiu que "a ausência de avaliação do aviamento pode comprometer a equidade das transações envolvendo estabelecimentos comerciais".

O aviamento e a clientela são elementos fundamentais do estabelecimento empresarial, refletindo sua aptidão lucrativa e sua capacidade de atrair e fidelizar consumidores. Sua relevância transcende o campo econômico, tendo implicações jurídicas significativas em negócios e litígios empresariais. Contudo, o dinamismo das relações comerciais exige constante atualização na doutrina, legislação e jurisprudência para enfrentar os desafios contemporâneos.

4.3 Bens do estabelecimento comercial: uma análise jurídica e econômica

Nesta seção, abordaremos os bens que compõem o estabelecimento comercial, com ênfase para os aspectos jurídicos e econômicos. Exploraremos a classificação entre bens materiais e imateriais, destacando sua função no âmbito empresarial e no contexto de negócios jurídicos, como a alienação e o arrendamento.

O estabelecimento comercial, como um conjunto organizado de bens destinados à exploração de uma atividade econômica, é peça fundamental no Direito Empresarial. O art. 1.142 do Código Civil define *estabelecimento* como "todo complexo de bens organizado, para exercício da empresa, por empresário ou por sociedade empresária" (Brasil, 2002).

No entanto, os bens que compõem o estabelecimento comercial não são homogêneos, podendo ser materiais ou imateriais, corpóreos ou intangíveis. Cada tipo de bem desempenha um papel estratégico na atividade empresarial e está sujeito a regras específicas de proteção e disposição.

No Direito Empresarial, os bens do estabelecimento comercial são compreendidos como os elementos que, organizados pelo empresário, permitem o exercício da atividade econômica. Para Fábio Ulhoa Coelho (2023a, p. 78), "os bens do estabelecimento não são apenas instrumentos, mas peças fundamentais na geração de lucro, combinando elementos materiais e imateriais".

A organização desses bens é essencial para o aviamento, ou seja, para a aptidão lucrativa do estabelecimento. Orlando Gomes (2022) destaca que "a combinação eficiente dos bens materiais e imateriais é o que distingue o estabelecimento comercial de um simples acervo patrimonial".

Os bens do estabelecimento comercial podem ser classificados em:

- **Bens materiais**: são os bens corpóreos, como instalações, equipamentos, máquinas e mercadorias.
- **Bens imateriais**: incluem elementos intangíveis, como marcas, patentes, *know-how*, direitos autorais e clientela.

A distinção entre esses dois tipos de bens é fundamental para a avaliação econômica do estabelecimento e para sua proteção jurídica.

4.3.1 Bens materiais

Os bens materiais são aqueles de natureza corpórea, essenciais para a operação física do negócio. Eles incluem, entre outros, móveis, máquinas, instalações e estoques. Conforme Requião (2019), esses bens representam a base física do estabelecimento, servindo de suporte para o desenvolvimento da atividade empresarial.

A função dos bens materiais varia de acordo com o tipo de empresa. Em um estabelecimento industrial, por exemplo, as máquinas e os equipamentos são fundamentais para a produção, ao passo que, em um comércio varejista, o estoque é o elemento mais relevante.

Os bens materiais estão sujeitos às regras gerais de proteção patrimonial, mas ganham especificidade no contexto empresarial, especialmente em negócios como alienação ou penhora. A jurisprudência brasileira reforça a importância da proteção desses bens, como no REsp n. 1.479.904/SP, em que o STJ decidiu que a penhora de bens de um estabelecimento comercial deve respeitar o princípio da preservação da atividade econômica.

4.3.2 Bens imateriais

As **marcas** e **patentes** são elementos estratégicos no contexto empresarial. Segundo a Lei n. 9.279/1996, esses bens são protegidos contra uso indevido por terceiros, garantindo exclusividade ao empresário.

O valor de uma marca muitas vezes supera o valor de todos os bens materiais de uma empresa, especialmente em mercados competitivos.

A **clientela** é o conjunto de consumidores fidelizados pelo empresário. De acordo com Fiúza (2023), "a clientela é o bem intangível mais valioso de um estabelecimento comercial, sendo fundamental para o aviamento".

A jurisprudência também reconhece a importância da clientela. No REsp n. 1.101.411/SP, o STJ afirmou que "a clientela é um bem protegido pelo ordenamento jurídico, especialmente contra práticas de concorrência desleal".

O **know-how**, ou conhecimento técnico, e os **segredos de negócio** também são bens imateriais protegidos pelo Direito Empresarial. Essas informações têm valor econômico significativo e são essenciais para a competitividade do estabelecimento.

4.3.3 Negócios jurídicos envolvendo os bens do estabelecimento comercial

A **alienação** do estabelecimento comercial é regulada pelos arts. 1.144 a 1.146 do Código Civil, exigindo formalidades como a anuência dos credores e o registro público. A alienação do estabelecimento deve considerar todos os bens que o compõem, incluindo os imateriais, como marcas e clientela.

O **arrendamento** do estabelecimento é uma prática comum, especialmente em contratos de franquia. A jurisprudência brasileira reforça que tais negócios devem preservar a integridade do estabelecimento, incluindo todos os bens materiais e imateriais.

Os bens do estabelecimento podem ser objeto de **penhora em execuções judiciais**, desde que respeitados os limites impostos pela função social da empresa. No REsp n. 1.125.002/SP, o STJ destacou que a penhora de bens essenciais ao funcionamento da empresa deve ser excepcional, para evitar a inviabilidade da atividade econômica.

4.4 Registro de empresas no Direito brasileiro: aspectos jurídicos e relevância prática

O registro de empresas desempenha papel central no Direito Empresarial brasileiro, assegurando a regularidade jurídica da atividade empresarial e a publicidade dos atos empresariais. O registro de empresas é um elemento estruturante do Direito Empresarial brasileiro. Ele visa conferir segurança jurídica às atividades empresariais, promovendo a regularidade formal e a publicidade necessária para o relacionamento entre empresários, consumidores e o mercado.

A disciplina do registro empresarial encontra-se regulamentada na Lei n. 8.934/1994, que estabelece as diretrizes do Registro Público de Empresas Mercantis e Atividades Afins, complementada por normas do Código Civil de 2002. Além de assegurar a existência legal da empresa, o registro cumpre funções essenciais, como a preservação de direitos e a vinculação de responsabilidades.

4.4.1 Conceito e finalidades do registro de empresas

O registro de empresas é definido como o ato jurídico que formaliza a constituição e o funcionamento de uma empresa perante o Estado e a sociedade. Segundo Coelho (2023a, p. 104), "o registro empresarial é o mecanismo que confere legitimidade formal à atividade econômica organizada".

Para Requião (2019), trata-se de uma formalidade essencial para a obtenção da personalidade jurídica das sociedades empresárias e da regularidade do empresário individual.

Entre as principais finalidades do registro empresarial, destacam-se:

- **Publicidade:** garante o conhecimento público dos atos constitutivos e modificativos das empresas.
- **Segurança jurídica:** confere validade formal aos atos empresariais.
- **Regulação estatal:** permite ao Estado acompanhar e fiscalizar as atividades econômicas.

Orlando Gomes (2022, p. 156) ressalta que "a publicidade proporcionada pelo registro é essencial para a proteção de terceiros, assegurando transparência nas relações empresariais".

4.4.2 Registro de empresas e Juntas Comerciais

A Lei n. 8.934/1994 regulamenta o Registro Público de Empresas Mercantis e Atividades Afins, estabelecendo as diretrizes para a Junta Comercial. Esse sistema é responsável pelo arquivamento de atos constitutivos, alterações contratuais e outros documentos relacionados à atividade empresarial.

As Juntas Comerciais, organizadas em âmbito estadual, são as responsáveis pela execução do Registro Público de Empresas Mercantis. Segundo Coelho (2023a), essas entidades desempenham papel essencial na fiscalização do cumprimento das normas que regem a atividade empresarial.

A jurisprudência também confirma a competência das Juntas Comerciais. No REsp n. 1.620.297/SP, o STJ destacou que "as Juntas Comerciais têm competência exclusiva para registrar atos relacionados às sociedades empresárias".

Os **requisitos formais** para o registro de empresas incluem:

- apresentação dos atos constitutivos (contrato social, estatuto ou registro de empresário individual);
- comprovação de regularidade fiscal e tributária;
- pagamento das taxas de registro.

O **procedimento de registro** segue as seguintes etapas:

- análise documental pelas Juntas Comerciais;
- aprovação dos atos constitutivos;
- emissão do número de registro.

Quanto aos **efeitos jurídicos do registro de empresas**, tem-se que, para as sociedades empresárias, o registro é condição indispensável para a aquisição de personalidade jurídica, conforme o art. 985 do Código Civil.

O registro confere regularidade jurídica à empresa, além de garantir a publicidade de seus atos. Segundo Requião (2019, p. 96), "essa publicidade é essencial para a segurança das relações comerciais".

O registro protege o nome empresarial contra uso indevido por terceiros, conforme a Lei n. 8.934/1994 e a Convenção da União de Paris.

A jurisprudência reforça essa proteção. No REsp n. 1.540.633/RS, o STJ decidiu que o nome empresarial registrado goza de proteção contra práticas de concorrência desleal.

Com a implementação do sistema Redesim (Rede Nacional para a Simplificação do Registro e da Legalização de Empresas e Negócios), o registro empresarial tem se tornado mais ágil e acessível.

A Lei da Liberdade Econômica (Lei n. 13.874/2019) trouxe inovações para desburocratizar o registro de empresas, eliminando exigências excessivas e incentivando a abertura de novos negócios.

Com a vigência da Lei Geral de Proteção de Dados (Lei n. 13.709/2018), surgem novos desafios para a gestão das informações registradas pelas Juntas Comerciais.

O registro de empresas é um pilar do Direito Empresarial, promovendo a segurança jurídica, a transparência e a formalização das atividades econômicas. Apesar dos avanços recentes, como a digitalização e a desburocratização, ainda há desafios a serem enfrentados, especialmente em relação à proteção de dados e à modernização das Juntas Comerciais.

O fortalecimento do sistema de registro empresarial é fundamental para o desenvolvimento econômico, a redução da informalidade e a consolidação de um ambiente de negócios mais competitivo e seguro.

4.5 Nome empresarial: aspectos jurídicos e proteção

O nome empresarial constitui um dos principais elementos de identificação e proteção do empresário e da sociedade empresária no sistema jurídico brasileiro, sendo o elemento distintivo que identifica e individualiza o empresário ou a sociedade empresária em suas relações no mercado.

O Código Civil de 2002, em seus arts. 1.155 a 1.168, disciplina o regime jurídico do nome empresarial, complementado pelas disposições da Lei n. 8.934/1994, que regula o Registro Público de Empresas Mercantis e Atividades Afins.

O nome empresarial também é protegido pela Convenção da União de Paris, de 1883, garantindo sua exclusividade e evitando práticas de concorrência desleal.

O nome empresarial é definido como o signo que identifica o empresário ou a sociedade empresária em suas relações comerciais.

> Segundo Fábio Ulhoa Coelho (2023a, p. 128), "o nome empresarial não é apenas um elemento formal, mas um ativo intangível de grande relevância econômica e jurídica para o empresário".

A doutrina classifica o nome empresarial como um bem imaterial e incorpóreo, protegido juridicamente contra o uso indevido por terceiros. Para Rubens Requião (2019, p. 124), "é um direito subjetivo e um elemento essencial da personalidade jurídica da empresa, com proteção que transcende as fronteiras territoriais".

O nome empresarial deve ser diferenciado de outros sinais distintivos, como a marca e o título de estabelecimento. O nome empresarial identifica o sujeito da atividade empresarial, ao passo que a marca distingue os produtos ou serviços ofertados no mercado.

4.5.1 Tipos de nome empresarial

A **firma** é utilizada pelos empresários individuais ou sociedades em que os sócios respondem ilimitadamente pelas obrigações sociais. Segundo o art. 1.156 do Código Civil, a firma deve conter o nome civil do empresário ou dos sócios responsáveis, permitindo identificar os sujeitos diretamente vinculados à empresa.

A **denominação** é característica de sociedades empresárias de responsabilidade limitada ou anônima e deve conter a indicação do objeto social. A denominação apresenta caráter descritivo, sendo essencial para identificar a atividade desenvolvida pela sociedade.

4.5.2 Regime jurídico e registro do nome empresarial

O regime jurídico do nome empresarial é disciplinado principalmente pelo Código Civil (arts. 1.155 a 1.168) e pela Lei n. 8.934/1994. Além disso, a Convenção da União de Paris estabelece normas de proteção internacional ao nome empresarial.

O registro do nome empresarial é realizado nas Juntas Comerciais e confere exclusividade de uso ao titular dentro do território de competência da unidade federativa. A jurisprudência do STJ reforça a importância do registro para a eficácia da proteção. No REsp n. 1.540.633/RS, o STJ decidiu que "o registro do nome empresarial garante sua proteção jurídica contra terceiros, mesmo que este não esteja registrado como marca".

4.5.3 Proteção jurídica do nome empresarial

O nome empresarial goza de exclusividade em todo o território nacional, conforme a Convenção da União de Paris. Essa proteção é reforçada pela Lei n. 8.934/1994, que impede o registro de nomes idênticos ou semelhantes que possam gerar confusão no mercado.

A coexistência de registros de nome empresarial e marca pode gerar conflitos, especialmente quando os signos se confundem. Segundo Requião (2019, p. 183), "o princípio da especialidade deve ser aplicado para resolver tais conflitos, priorizando a proteção ao consumidor e à concorrência leal".

No julgamento do REsp n. 1.256.136/RJ, o STJ afirmou que "a proteção do nome empresarial não depende do registro como marca, mas deve respeitar os limites do princípio da territorialidade".

O nome empresarial é um elemento fundamental para a individualização e proteção do empresário ou da sociedade empresária. Além de garantir exclusividade e transparência no mercado, ele contribui para a prevenção de práticas desleais e a promoção da concorrência leal.

No entanto, desafios relacionados à globalização, digitalização e conflitos entre diferentes signos distintivos exigem constantes adaptações legislativas e doutrinárias. A jurisprudência tem desempenhado papel crucial na interpretação e aplicação das normas, garantindo a eficácia da proteção ao nome empresarial no Brasil.

4.6 Teoria da empresa no Direito comparado

A teoria da empresa constitui um dos pilares fundamentais do Direito Comercial e do Direito Empresarial contemporâneo, sendo objeto de estudo em diversos ordenamentos jurídicos ao redor do mundo. Seu desenvolvimento e sua aplicação variam de acordo com as peculiaridades históricas, econômicas e culturais de cada país. Nesta seção, nosso objetivo é analisar a teoria da empresa no contexto do Direito comparado, discutindo suas bases conceituais, evolução histórica e aplicação prática em diferentes sistemas jurídicos.

No Brasil, a teoria da empresa foi incorporada com o advento do Código Civil de 2002, que substituiu a tradicional teoria dos atos de comércio. Aqui, vale reiterar que o art. 966 do Código Civil brasileiro define *empresário* como "aquele que exerce profissionalmente atividade econômica organizada para a produção ou circulação de bens ou de serviços" (Brasil, 2002). Esse conceito trouxe uma abordagem mais abrangente e sistemática, alinhada às transformações econômicas e às necessidades de regulação de um mercado mais complexo.

Na Itália, a teoria da empresa foi pioneiramente consolidada pelo Código Civil de 1942. O ordenamento jurídico italiano define *empresa* como a atividade econômica organizada exercida pelo empresário, sendo este responsável pela organização dos fatores de produção com o intuito de gerar lucro. A influência italiana foi determinante para a adoção de uma abordagem mais orgânica e funcional na regulação das atividades empresariais em outros países. Como argumenta Ascarelli (1947), a teoria da empresa italiana reflete a integração entre os aspectos jurídicos e econômicos, destacando-se por seu caráter dinâmico e adaptável.

Na Alemanha, a regulação das atividades empresariais está vinculada ao conceito de comerciante (Kaufmann), conforme definido pelo Código Comercial Alemão (Handelsgesetzbuch). Embora não adote explicitamente a teoria da empresa como um marco conceitual, o Direito alemão regula as atividades econômicas com base em critérios objetivos, como a natureza da atividade e o volume de negócios. Essa abordagem pragmática contribui para a segurança jurídica e a previsibilidade nas relações empresariais, mas pode limitar a flexibilidade necessária em um mercado em constante evolução.

Nos Estados Unidos, o Direito Empresarial é predominantemente regido pelo sistema de *common law*, no qual a teoria da empresa não é explicitamente adotada como no modelo europeu. Contudo, a jurisprudência e as normas regulatórias promovem uma abordagem funcional e descentralizada, enfatizando a liberdade contratual e a autonomia das partes. Como observa Posner (2009), o sistema norte-americano privilegia a eficiência econômica e a adaptação às demandas do mercado, o que pode levar à ausência de uniformidade conceitual.

A evolução da teoria da empresa também está intrinsecamente ligada à globalização e à expansão dos mercados internacionais. O reconhecimento da empresa como unidade econômica e jurídica tem implicado um maior intercâmbio de conceitos e soluções jurídicas entre os diferentes ordenamentos. Por exemplo, os princípios de governança corporativa e responsabilidade social empresarial têm sido incorporados em diversos países, refletindo uma convergência normativa. O Direito comparado desempenha um papel fundamental na harmonização dessas normas, promovendo uma maior uniformidade sem ignorar as especificidades locais.

Apesar das similaridades na adoção da teoria da empresa, também existem diferenças marcantes entre os sistemas jurídicos. Ao passo que o modelo italiano prioriza uma abordagem sistêmica, outros países, como os Estados Unidos, enfatizam soluções pragmáticas. Essa diversidade demonstra a importância do direito comparado como ferramenta de análise e aprimoramento dos marcos regulatórios.

No Brasil, a influência da teoria italiana foi evidente na transição para o modelo de teoria da empresa, mas também se observa um diálogo com outras tradições jurídicas, como o *common law*, especialmente no contexto de regulação de mercados e soluções contratuais. O Direito brasileiro é caracterizado por sua abertura às influências estrangeiras, o que enriquece o sistema e promove soluções inovadoras.

A análise comparativa da teoria da empresa revela não apenas as similaridades entre os diversos sistemas jurídicos, mas também as diferenças que refletem as especificidades culturais, econômicas e históricas de cada país. Esse estudo permite identificar boas práticas e soluções adaptáveis, contribuindo para o desenvolvimento do direito empresarial em um mundo cada vez mais integrado. O desafio reside em equilibrar a necessidade de harmonização normativa com a preservação da identidade jurídica de cada ordenamento.

Por fim, é essencial reconhecer que a teoria da empresa continua a evoluir diante das transformações tecnológicas e sociais. A expansão do comércio eletrônico, a emergência de novos modelos de negócios e as demandas por maior sustentabilidade econômica e ambiental desafiam os sistemas jurídicos a adaptar seus conceitos e institutos. Nesse cenário, o estudo comparativo da teoria da empresa permanece uma ferramenta indispensável para compreender e enfrentar os desafios do Direito Empresarial no século XXI.

Capítulo 5
Operações societárias

As operações societárias são essenciais na dinâmica empresarial contemporânea, permitindo a reorganização de sociedades de acordo com suas estratégias econômicas e administrativas. A transformação, fusão, cisão e incorporação são mecanismos previstos no ordenamento jurídico brasileiro que possibilitam ajustes nas estruturas empresariais, de modo a atender às necessidades do mercado e às demandas dos sócios.

Essas operações estão disciplinadas no Código Civil (Lei n. 10.406/2002), na Lei das Sociedades por Ações (Lei n. 6.404/1976) e em legislações correlatas, que estabelecem os requisitos e efeitos de cada procedimento. Buscaremos analisar as características jurídicas, os procedimentos legais e os impactos econômicos e patrimoniais de cada operação com base na doutrina e na legislação vigente.

As operações societárias configuram atos jurídicos que resultam na modificação da estrutura de sociedades sem, necessariamente, extingui-las. Segundo Modesto Carvalhosa (2021, p. 283), "essas operações permitem a adaptação das sociedades às mudanças do ambiente empresarial, proporcionando maior eficiência e competitividade no mercado".

Os principais tipos de operações societárias são:

- **Transformação**: alteração do tipo societário sem a extinção da pessoa jurídica.
- **Fusão**: união de duas ou mais sociedades em uma nova entidade.
- **Cisão**: divisão total ou parcial do patrimônio de uma sociedade.
- **Incorporação**: absorção de uma sociedade por outra, com a extinção da sociedade incorporada.

5.1 Transformação

A transformação consiste na mudança do tipo societário de uma empresa sem que haja a extinção de sua personalidade jurídica. De acordo com o art. 1.113 do Código Civil, "a transformação não implica a dissolução da sociedade nem a constituição de uma nova pessoa jurídica" (Brasil, 2002).

Para realizar a transformação, é necessária a aprovação unânime dos sócios, salvo se, no contrato ou no estatuto, houver previsão de outra forma de deliberação. Conforme Fábio Ulhoa Coelho (2023b, p. 226), "a transformação exige o cumprimento de formalidades específicas, como a alteração do contrato social ou estatuto e o devido registro nos órgãos competentes".

A transformação preserva os direitos e obrigações da sociedade, sendo uma medida frequentemente adotada para ajustar a estrutura organizacional às necessidades estratégicas. Segundo Gonçalves (2022, p. 199), "esse instituto permite maior flexibilidade ao empresário, sem a necessidade de criar uma nova sociedade".

A transformação pode ser motivada por diversos fatores, tais como:

- **Acesso ao mercado de capitais**: sociedades limitadas podem transformar-se em sociedades anônimas para emitir ações.
- **Simplificação administrativa**: sociedades anônimas podem adotar o modelo limitado para reduzir custos e exigências legais.
- **Adequação ao objeto social**: quando uma sociedade simples passa a exercer atividade empresarial, a transformação para limitada ou empresária é obrigatória.

A transformação pode ocorrer entre diferentes tipos societários, conforme a necessidade da sociedade. Entre as transformações mais comuns no Brasil, destacam-se:

- **De sociedade limitada para sociedade anônima**: utilizada, frequentemente, para permitir o acesso ao mercado de capitais.
- **De sociedade anônima para sociedade limitada**: geralmente adotada em cenários de simplificação administrativa.
- **De sociedade simples para limitada ou empresária**: aplicada quando a sociedade pretende exercer atividade empresarial.

A transformação não se restringe a essas modalidades, podendo abranger qualquer mudança entre os tipos previstos na legislação brasileira, desde que atendidos os requisitos legais.

Para realizar uma transformação societária, alguns requisitos são indispensáveis, conforme a legislação e a doutrina:

- **Deliberação dos sócios ou acionistas**: a transformação deve ser aprovada em assembleia ou reunião, observando o quórum estabelecido no contrato social ou estatuto. Em regra, exige-se unanimidade dos sócios, salvo disposição em contrário no contrato social (art. 1.113, Código Civil).
- **Alteração do contrato social ou estatuto**: o documento deve ser adaptado às exigências do novo tipo societário.
- **Publicação e registro**: a transformação deve ser registrada na Junta Comercial ou no Cartório de Registro de Pessoas Jurídicas, conforme o caso, e publicada para ciência de terceiros.

5.2 Fusão

A fusão é uma operação societária em que duas ou mais sociedades se unem para formar uma nova sociedade, extinguindo as sociedades originárias e transferindo todo o patrimônio destas para a nova entidade. O art. 228 da Lei das Sociedades por Ações define *fusão* como o processo em que "duas ou mais sociedades se unem para formar uma nova, que lhes sucederá em todos os direitos e obrigações" (Brasil, 1976).

Segundo Fábio Ulhoa Coelho (2023b, p. 225), "a fusão caracteriza-se pela combinação de patrimônios, resultando em uma nova pessoa jurídica, com personalidade e estrutura jurídica próprias, distinta das sociedades fusionadas".

Esse conceito reflete a natureza jurídica da fusão, que implica a extinção das sociedades participantes e a criação de uma nova entidade jurídica que assume os direitos e obrigações das predecessoras.

A fusão ocorre quando duas ou mais sociedades se unem, formando uma nova pessoa jurídica e extinguindo as sociedades originais. Ela é regulamentada pelo art. 228 da Lei das Sociedades por Ações.

O processo de fusão envolve:

- elaboração de um protocolo de fusão, que define os termos da operação;
- aprovação pelos órgãos societários competentes;
- registro da nova sociedade no órgão competente.

A fusão pode ser motivada por diversas razões, tanto estratégicas quanto econômicas:

- **Aumento de competitividade**: combinação de recursos para enfrentar concorrentes em mercados competitivos.
- **Expansão de mercados**: entrada em novos segmentos ou geografias por meio da união de forças.
- **Sinergias operacionais**: redução de custos e otimização de recursos a partir da integração de operações.
- **Gestão de crises**: resgate de sociedades em dificuldades financeiras por meio da união com outras mais sólidas.

De acordo com Fran Martins (2019a, p. 102), "a fusão visa à concentração de recursos e ao fortalecimento da posição de mercado, sendo uma ferramenta estratégica de expansão empresarial".

Com a fusão, os direitos e as obrigações das sociedades extintas são transferidos para a nova sociedade, que assume integralmente o passivo das empresas fusionadas.

A fusão é regulada por normas gerais do Código Civil e por disposições específicas da Lei das Sociedades por Ações, além de estar sujeita a regras tributárias, trabalhistas e concorrenciais.

O Código Civil, nos art. 1.116 a 1.118, trata das reorganizações societárias, incluindo a fusão. Essas normas estabelecem que a fusão não depende da dissolução judicial das sociedades envolvidas, desde que observados os requisitos legais e formais.

A Lei n. 6.404/1976 – Lei das Sociedades por Ações – dedica um capítulo específico às operações societárias, detalhando os procedimentos para a fusão. O art. 228 regula a elaboração do protocolo de fusão, os requisitos de aprovação pelos acionistas e a sucessão de direitos e obrigações pela nova sociedade.

A fusão de sociedades empresariais pode impactar o mercado concorrencial, especialmente em setores concentrados. Por isso, no Brasil, operações de fusão de grande porte devem ser submetidas ao Conselho Administrativo de Defesa Econômica (CADE) para análise de seus efeitos sobre a concorrência.

De acordo com o CADE, a aprovação de uma fusão depende de avaliação técnica que considere fatores como:

- concentração de mercado;
- potenciais barreiras à entrada de novos concorrentes;
- impactos sobre preços e consumidores.

5.3 Cisão

A cisão societária é um instituto jurídico amplamente utilizado como instrumento de reestruturação empresarial. Prevista na Lei das Sociedades por Ações (Lei n. 6.404/1976) e no Código Civil Brasileiro (Lei n. 10.406/2002), essa operação consiste na divisão do patrimônio de uma sociedade, transferindo-o, total ou parcialmente, para outra sociedade já existente ou para uma nova que venha a ser constituída.

A cisão tem como objetivo principal reorganizar estruturas empresariais, ajustando a sociedade às necessidades estratégicas, financeiras ou regulatórias. Ela permite a segmentação de atividades, redução de passivos ou mesmo a criação de entidades autônomas, conferindo flexibilidade e eficiência às operações empresariais. Nesta seção, examinaremos a cisão societária sob o prisma do Direito Empresarial brasileiro, abordando seus fundamentos jurídicos, etapas, implicações legais e exemplos práticos.

A cisão é a operação pela qual uma sociedade transfere parte ou a totalidade de seu patrimônio para outra(s) sociedade(s), podendo resultar na extinção da sociedade cindida. A cisão é definida pelo art. 229 da Lei n. 6.404/1976 como a operação pela qual uma sociedade transfere parcelas de seu patrimônio para uma ou mais sociedades, extinguindo-se, se houver transferência de todo o patrimônio, ou permanecendo ativa com o restante.

A cisão pode ser motivada por diversas razões estratégicas e econômicas, tais como:

- **Separação de atividades**: criação de unidades autônomas para gerenciar diferentes linhas de negócios.
- **Reorganização patrimonial**: isolamento de passivos ou segmentação de ativos.
- **Parcerias e joint ventures**: transferência de parte do patrimônio para uma nova sociedade compartilhada com parceiros estratégicos.
- **Atendimento a exigências legais**: cumprimento de requisitos regulatórios ou fiscais específicos.

A cisão pode ser:

- **total**: quando o patrimônio é transferido integralmente, extinguindo a sociedade original; ou
- **parcial**: quando apenas parte do patrimônio é transferida.

O processo de cisão exige a elaboração de um plano detalhado, aprovação pelos sócios e registro nos órgãos competentes. Segundo Modesto Carvalhosa (2021, p. 295), "a cisão é frequentemente utilizada para reorganizar grupos empresariais ou separar atividades distintas".

5.4 Incorporação

A incorporação societária é uma das principais operações de reorganização empresarial previstas no direito societário brasileiro. Essa modalidade de reorganização, regulada pela Lei n. 6.404/1976 (Lei das Sociedades por Ações) e subsidiariamente pelo Código Civil (Lei n. 10.406/2002), consiste no ato pelo qual uma ou mais sociedades são absorvidas por outra, que lhes sucede em todos os direitos e obrigações.

O objetivo da incorporação pode variar desde a expansão de mercados e aumento de competitividade até a simplificação de estruturas organizacionais complexas. Analisaremos a incorporação sob os aspectos jurídicos, econômicos e estratégicos, com foco nos fundamentos legais, nas etapas do processo e nos impactos para as sociedades envolvidas e seus *stakeholders*.

A *incorporação* é definida no art. 227 da Lei das Sociedades por Ações como "a operação pela qual uma ou mais sociedades são absorvidas por outra, que lhes sucede em todos os direitos e obrigações" (Brasil, 1976).

De acordo com Fábio Ulhoa Coelho (2023b, p. 176), "a incorporação não se limita a uma fusão de patrimônios, mas representa a extinção de uma sociedade e a continuidade de sua atividade econômica sob a titularidade de outra entidade jurídica".

O ato de incorporação caracteriza-se por transferir integralmente o patrimônio da sociedade incorporada para a incorporadora, que assume suas operações e obrigações.

A incorporação está regulamentada principalmente pela Lei das Sociedades por Ações e, de modo complementar, pelo Código Civil.

A Lei n. 6.404/1976 estabelece os princípios básicos para a realização da incorporação, incluindo:

- requisitos para elaboração do protocolo de incorporação;
- necessidade de aprovação em Assembleia Geral;
- sucessão de direitos e obrigações pela sociedade incorporadora.

O Código Civil brasileiro, aplicável às sociedades empresárias não regidas pela Lei das S.A., dispõe sobre a reorganização societária de maneira mais genérica, mas reforça os princípios de continuidade e responsabilidade patrimonial.

A incorporação pode ser motivada por razões estratégicas, econômicas ou financeiras, incluindo:

- **Expansão de mercado**: a incorporação é frequentemente utilizada como estratégia de expansão, permitindo que uma empresa amplie sua presença geográfica ou ganhe acesso a novos nichos de mercado.
- **Redução de custos**: a operação possibilita a otimização de recursos e sinergias, reduzindo custos operacionais e administrativos.
- **Reestruturação organizacional**: a simplificação de estruturas societárias complexas é uma das principais razões para a incorporação, especialmente em grandes grupos econômicos.

A incorporação deve seguir um conjunto de etapas formais e legais para assegurar sua validade jurídica e sua eficácia econômica.

- **Protocolo de incorporação**: é o documento que define os termos e condições da operação, abrangendo identificação das sociedades envolvidas; justificação econômica e estratégica da operação; e critérios de avaliação patrimonial.

- **Avaliação patrimonial:** a avaliação dos patrimônios envolvidos é essencial para determinar o valor das participações societárias e garantir uma relação de substituição equitativa.
- **Aprovação em Assembleia Geral:** as sociedades envolvidas devem convocar assembleias gerais extraordinárias para deliberar sobre a operação, exigindo aprovação pelos quóruns legais e contratuais.
- **Registro e publicação:** após a aprovação, a incorporação deve ser registrada na Junta Comercial competente e publicada para garantir publicidade aos terceiros interessados.

Segundo Fábio Ulhoa Coelho (2023b, p. 177), "a incorporação é uma ferramenta eficiente para expansão empresarial, permitindo que uma sociedade amplie seus ativos e operações".

Com a incorporação, a incorporadora assume os direitos e obrigações da incorporada, garantindo a continuidade das atividades econômicas.

As operações societárias apresentam impactos significativos tanto do ponto de vista jurídico quanto econômico. No aspecto jurídico, garantem flexibilidade às sociedades e asseguram a continuidade das relações contratuais e tributárias. No âmbito econômico, podem resultar em maior eficiência operacional, economia de escala e fortalecimento no mercado.

De acordo com Rubens Requião (2019, p. 84), "a utilização estratégica das operações societárias permite às empresas se adaptarem às exigências de um mercado cada vez mais competitivo".

As operações societárias – transformação, fusão, cisão e incorporação – são instrumentos indispensáveis para a reorganização das sociedades no contexto empresarial brasileiro. Cada uma dessas operações apresenta características específicas que atendem a diferentes finalidades estratégicas e organizacionais.

A regulamentação detalhada desses institutos no Código Civil e na Lei das Sociedades por Ações proporciona segurança jurídica e previsibilidade às empresas, fomentando o desenvolvimento econômico e a competitividade no mercado.

Capítulo 6

Classificação das sociedadaes no Direito Empresarial brasileiro

O estudo das sociedades no âmbito do Direito Empresarial brasileiro reveste-se de grande importância, dada a relevância dessas entidades na organização das atividades econômicas. A partir do Código Civil de 2002, o ordenamento jurídico nacional adotou critérios claros para distinguir os tipos societários, considerando aspectos estruturais, funcionais e patrimoniais. Neste capítulo, nosso objetivo é analisar a classificação das sociedades, destacando suas características jurídicas, peculiaridades e os fundamentos teóricos que sustentam sua distinção.

Para isso, abordaremos as categorias previstas no Código Civil e no ordenamento jurídico brasileiro, como sociedade simples, sociedade empresária, sociedade em nome coletivo, sociedade em comandita simples, sociedade limitada e sociedade anônima. Além disso, serão examinados os critérios doutrinários que ajudam a compreender a personificação jurídica e sua relação com a autonomia patrimonial.

Figura 6.1 Classificação das sociedades no Direito brasileiro

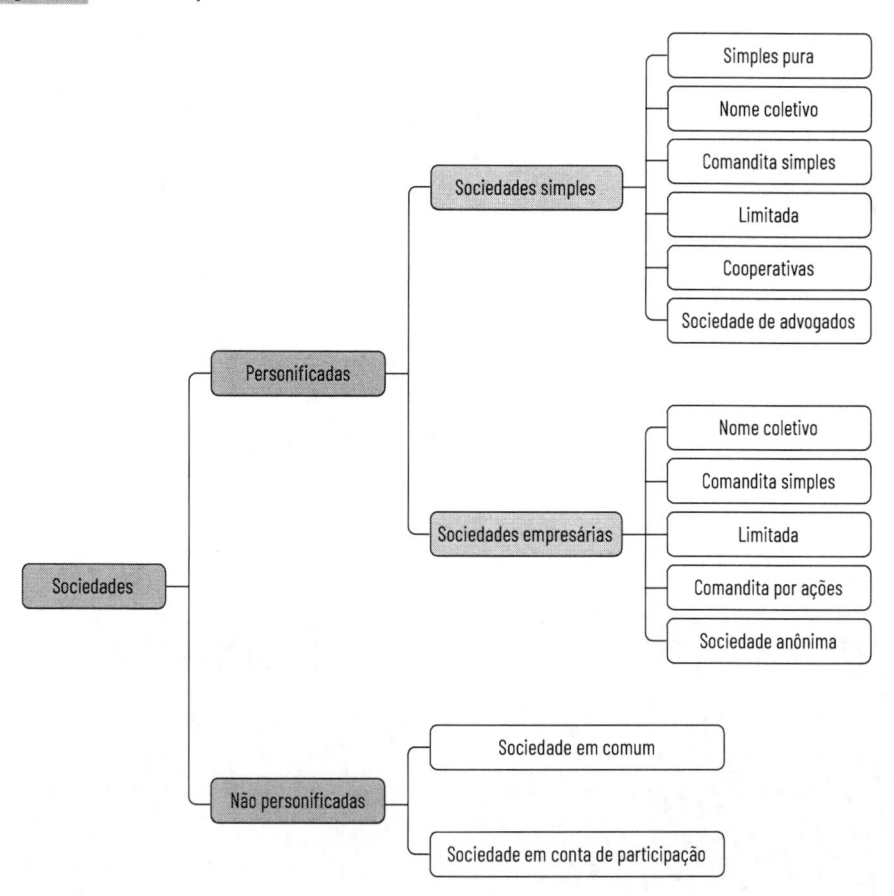

```
Sociedades
├── Personificadas
│   ├── Sociedades simples
│   │   ├── Simples pura
│   │   ├── Nome coletivo
│   │   ├── Comandita simples
│   │   ├── Limitada
│   │   ├── Cooperativas
│   │   └── Sociedade de advogados
│   └── Sociedades empresárias
│       ├── Nome coletivo
│       ├── Comandita simples
│       ├── Limitada
│       ├── Comandita por ações
│       └── Sociedade anônima
└── Não personificadas
    ├── Sociedade em comum
    └── Sociedade em conta de participação
```

6.1 Sociedades personificadas

As sociedades personificadas são aquelas que, ao atenderem aos requisitos legais de constituição, adquirem personalidade jurídica distinta da de seus sócios. Isso significa que passam a ser sujeitos de direitos e obrigações, com patrimônio próprio, podendo contrair obrigações em nome próprio.

Segundo Coelho (2023b, p. 14), "a personificação das sociedades constitui o marco jurídico pelo qual a autonomia patrimonial se torna efetiva, permitindo que as entidades operem de forma separada dos interesses individuais de seus membros".

A aquisição da personalidade jurídica ocorre, em regra, com o registro dos atos constitutivos no órgão competente, conforme disposto no art. 45 do Código Civil (Lei n. 10.406/2002). Esse registro implica o reconhecimento estatal da sociedade como sujeito de direitos.

A personificação jurídica confere autonomia patrimonial às sociedades, permitindo que elas assumam obrigações e direitos de modo independente. Essa característica é essencial para a separação entre os interesses pessoais dos sócios e os objetivos da empresa. Segundo Modesto Carvalhosa (2021, p. 43), "a autonomia patrimonial das sociedades personificadas é um dos pilares do direito empresarial, garantindo segurança jurídica e previsibilidade nas relações econômicas".

A classificação das sociedades personificadas no Direito Empresarial brasileiro evidencia a diversidade de modelos jurídicos disponíveis para a organização de atividades econômicas. Cada tipo societário apresenta peculiaridades que o tornam adequado a diferentes necessidades empresariais, refletindo a flexibilidade do ordenamento jurídico nacional.

Ao distinguir os tipos de sociedades personificadas, o Código Civil e a legislação especial oferecem um quadro normativo que busca equilibrar segurança jurídica e liberdade de iniciativa. Esse equilíbrio é fundamental para o desenvolvimento de um ambiente econômico dinâmico e eficiente.

6.1.1 Critérios de classificação das sociedades personificadas

A classificação das sociedades personificadas no Direito Empresarial brasileiro pode ser feita com base em diversos critérios, tais como:

- forma de constituição;
- natureza da atividade desenvolvida;
- responsabilidade dos sócios;
- forma de organização.

Quanto à **forma de constituição**, tem-se que tal critério é utilizado para identificar sociedades **contratuais** e institucionais. As sociedades contratuais são regidas por um contrato social que estabelece os direitos e deveres dos sócios, como nas sociedades limitadas e em comandita simples. Já as sociedades institucionais, como as sociedades anônimas, têm regulação baseada em um estatuto social, sendo menos dependentes da vontade dos sócios.

No que se refere à **natureza da atividade**, o Código Civil estabelece uma divisão fundamental entre sociedade simples e sociedade empresária. A **sociedade simples** é definida pelo exercício de atividades econômicas de prestação de serviços intelectuais, científicos, literários ou artísticos, ao passo que a **sociedade empresária** está vinculada à exploração de atividade econômica organizado para a produção ou circulação de bens e serviços (art. 966, Código Civil).

De acordo com Carlos Roberto Gonçalves (2022, p. 66), "o critério distintivo entre as sociedades simples e empresárias reside na forma de organização da atividade econômica, sendo que a primeira se caracteriza pela ausência de um caráter empresarial propriamente dito".

A **responsabilidade dos sócios** é o critério que diferencia sociedades de responsabilidade limitada das de responsabilidade ilimitada. Nesse ponto, a sociedade em nome coletivo e a sociedade em comandita simples, por exemplo, apresentam peculiaridades. Na **sociedade em nome coletivo**, todos os sócios respondem ilimitadamente pelas obrigações sociais, conforme disposto no art. 1.039 do Código Civil. Já na **sociedade em comandita simples**, distingue-se entre sócios comanditados, que têm responsabilidade ilimitada, e sócios comanditários, cuja responsabilidade é limitada ao valor de suas quotas.

Ainda considerando o aspecto da responsabilidade dos sócios, citamos a **sociedade limitada**, que é um dos tipos societários mais comuns no Brasil. Regida pelos arts. 1.052 a 1.087 do Código Civil, essa modalidade é caracterizada pela responsabilidade limitada dos sócios ao valor de suas quotas. Conforme explica Coelho (2023b, p. 73), "a sociedade limitada oferece maior segurança jurídica aos sócios, ao restringir sua responsabilidade ao capital social subscrito, o que a torna especialmente atraente para pequenas e médias empresas".

Sobre a **forma de organização**, trata-se do critério que considera a estrutura interna de administração e tomada de decisões. Por exemplo, diferentemente das sociedades limitadas, nas **sociedades anônimas**, reguladas pela Lei n. 6.404/1976, conhecida como Lei das Sociedades por Ações, as ações são livremente negociáveis, e a responsabilidade dos acionistas é limitada ao preço de emissão das ações subscritas. Segundo Fran Martins (2019a, p. 138), "a sociedade anônima representa o tipo societário mais sofisticado do ponto de vista organizacional, sendo amplamente utilizada em grandes empreendimentos".

6.1.2 Sociedade simples

A sociedade simples, regulada pelo Código Civil brasileiro, é uma figura jurídica fundamental para a realização de atividades econômicas de caráter não empresarial. Nesta seção, abordaremos os principais aspectos da sociedade simples, como conceito, características, regime jurídico e peculiaridades, incluindo o papel dos sócios, administração, dissolução e liquidação.

O estudo das sociedades no Direito brasileiro ganhou relevância com a entrada em vigor do Código Civil de 2002, que substituiu a quase totalidade do Código Comercial de 1850 como marco regulatório do Direito Societário. Entre as diversas categorias previstas, a sociedade simples destaca-se como uma forma societária direcionada àquelas atividades que não têm caráter empresarial.

Conforme previsto no art. 982 do Código Civil, "considera-se empresária a sociedade que tem por objeto o exercício de atividade própria de empresário sujeito a registro. [...] Considera-se simples a sociedade que não for empresária" (Brasil, 2002). Tal diferenciação permite o enquadramento adequado de atividades de cunho intelectual, científico, literário ou artístico, preservando a flexibilidade e a autonomia de seus sócios.

A relevância desse estudo reside na necessidade de compreender as nuances do regime jurídico das sociedades simples, em especial quanto ao registro, à administração e ao regime de responsabilidade dos sócios.

A *sociedade simples* é definida como aquela que exerce atividades econômicas ou sociais que não se caracterizam como empresariais. Ao contrário das sociedades empresárias, cuja atuação está ligada à produção ou circulação de bens e serviços, a sociedade simples frequentemente está associada a atividades profissionais intelectuais ou cooperativas.

Historicamente, o Código Comercial de 1850 não contemplava a figura da sociedade simples. Apenas com o advento do Código Civil de 2002, o ordenamento jurídico brasileiro sistematizou o Direito Societário, introduzindo conceitos claros de sociedade empresária e simples. Segundo Gagliano e Pamplona Filho (2023, p. 175), "essa inovação legislativa foi essencial para consolidar um regime jurídico mais coeso, que respeita as particularidades de atividades não empresariais".

A principal distinção entre sociedades simples e empresárias está no objeto social. As sociedades empresárias têm como objetivo a prática de atividades organizadas para a produção ou circulação de bens e serviços, ao passo que as sociedades simples estão vinculadas a atividades intelectuais, artísticas, científicas ou de prestação de serviços pessoais. Conforme esclarece Coelho (2023b, p. 89), "a sociedade simples é regida por um regime de menor complexidade, sendo seu foco principal garantir a segurança jurídica de atividades que não se inserem no ciclo produtivo mercantil".

6.1.2.1 Características da sociedade simples

A sociedade simples apresenta características específicas que a diferenciam de outras modalidades societárias.

O **contrato social** é o instrumento fundamental para a constituição de uma sociedade simples, conforme estipulado pelo art. 997 do Código Civil. Esse documento deve conter cláusulas obrigatórias, como a identificação dos sócios, a descrição do objeto social, o capital social e as regras de administração.

A **responsabilidade dos sócios** em uma sociedade simples é subsidiária e ilimitada, salvo disposição em contrário no contrato social. De acordo com o art. 1.023 do Código Civil, os bens particulares dos sócios podem ser executados depois de executados os bens da sociedade. Essa previsão reforça o caráter solidário na execução das obrigações sociais.

Ao contrário das sociedades empresárias, que são registradas nas Juntas Comerciais, a sociedade simples deve ter seu **registro** no Cartório de Registro Civil de Pessoas Jurídicas. Essa exigência está prevista no art. 998 do Código Civil.

A **administração** da sociedade simples pode ser atribuída a um ou mais sócios, conforme disposto no contrato social. O administrador é investido de poderes para atuar em nome da sociedade, mas deve respeitar os limites estabelecidos no art. 1.015 do Código Civil.

As **alterações no contrato social** dependem da aprovação de todos os sócios, salvo estipulação diversa. Essa rigidez reflete a importância do consenso em uma sociedade simples.

A **dissolução** da sociedade simples pode ocorrer de forma total ou parcial. As causas para dissolução incluem o término do prazo de duração, a vontade unânime dos sócios, a realização ou extinção do objeto social e a deliberação judicial em casos de grave divergência.

O art. 1.033 do Código Civil regula as hipóteses de dissolução total, e o art. 1.034 trata das formas de **liquidação**.

A sociedade simples desempenha um papel fundamental no ordenamento jurídico brasileiro, especialmente para a regulamentação de atividades que não têm caráter empresarial. Seu regime jurídico simples, porém robusto, oferece um instrumento flexível e seguro para a constituição de parcerias. Entretanto, desafios práticos, como a falta de clareza na aplicação de certos dispositivos legais, ainda exigem a atenção de juristas e legisladores.

6.1.3 Sociedade em nome coletivo

A sociedade em nome coletivo é uma modalidade societária de grande importância histórica e jurídica, caracterizada pela responsabilidade ilimitada e solidária de seus sócios e pela exclusividade de participação de pessoas físicas.

Apesar de pouco utilizada no Brasil contemporâneo, sua análise é fundamental para compreender a evolução do Direito Societário e os modelos empresariais baseados em confiança mútua.

A sociedade em nome coletivo, uma das formas mais antigas de organização empresarial, representa uma estrutura jurídica centrada na confiança pessoal entre sócios. Esse modelo é previsto no Código Civil de 2002, nos arts. 1.039 a 1.044, e tem características marcantes, como a exclusividade de pessoas físicas como sócias e a responsabilidade ilimitada por dívidas sociais.

> Conforme leciona Silvio de Salvo Venosa (2020, p. 215), "a sociedade em nome coletivo reflete um modelo tradicional de associação empresarial, onde a confiança e a solidariedade entre os sócios constituem a base de sua estrutura jurídica".

Ainda que sua aplicação prática tenha sido superada por outras modalidades, seu estudo permanece relevante no contexto jurídico e teórico.

A sociedade em nome coletivo tem raízes na Idade Média, período em que comerciantes começaram a se organizar para compartilhar riscos e lucros. Esse modelo foi consolidado no Direito europeu, em especial no Código Napoleônico de 1807, que influenciou diretamente a legislação brasileira.

Para Túlio Ascarelli (1947, p. 87), "a sociedade em nome coletivo é um marco na evolução do direito comercial, simbolizando a transição de associações informais para estruturas empresariais reguladas por normas jurídicas formais".

No Brasil, o Código Comercial de 1850 foi a primeira legislação a disciplinar a sociedade em nome coletivo, estabelecendo regras claras sobre sua constituição e seu funcionamento. Com a promulgação do Código Civil de 2002, houve a modernização de suas normas, mantendo-se, porém, sua essência tradicional.

6.1.3.1 Características da sociedade em nome coletivo

A sociedade em nome coletivo só pode ser constituída por pessoas físicas, conforme o art. 1.039 do Código Civil. Essa **exclusividade de pessoas físicas** reforça o caráter pessoal e a confiança mútua entre os sócios. Para Fábio Ulhoa Coelho (2023b, p. 148) destaca que "essa característica diferencia a sociedade em nome coletivo de outras formas societárias, onde a entrada de pessoas jurídicas como sócias é comum, ampliando as possibilidades de captação de recursos".

A **responsabilidade ilimitada e solidária** dos sócios é o traço mais marcante dessa modalidade. Cada sócio responde com todo o seu patrimônio pelas obrigações sociais, o que aumenta a segurança dos credores, mas eleva os riscos pessoais dos sócios.

O art. 1.044 do Código Civil dispõe que "todos os sócios respondem solidária e ilimitadamente pelas obrigações sociais".

Flávio Tartuce (2024, p. 310) observa que "a responsabilidade ilimitada dos sócios, embora vista como um ponto fraco, representa um pilar de segurança jurídica para terceiros que contratam com a sociedade".

O **nome empresarial** deve incluir o nome de um ou mais sócios, acompanhado da expressão "e companhia" ou equivalente, caso não sejam indicados todos os sócios. Essa regra visa garantir a transparência na identificação dos responsáveis pela sociedade.

Sílvio Venosa (2020, p. 217) comenta que "o uso do nome dos sócios no título empresarial é um mecanismo que reforça o vínculo entre os sócios e os credores, mas pode ser visto como um desestímulo para empresários que buscam anonimato em suas operações".

Quanto à **constituição** e ao **registro**, a sociedade em nome coletivo é formalizada com a celebração de um contrato social, que deve ser registrado na Junta Comercial para adquirir personalidade jurídica (art. 985, Código Civil). O contrato deve especificar a participação de cada sócio e as regras internas da sociedade.

Segundo Fábio Ulhoa Coelho (2023b, p. 151), "a formalização da sociedade em nome coletivo é simples em comparação com outras modalidades, refletindo sua origem histórica como um modelo de associação menos burocrático".

Embora os sócios possam estipular cláusulas de limitação de responsabilidade interna, essas regras não têm eficácia perante terceiros. Isso significa que, na prática, todos os sócios permanecem **solidariamente responsáveis** pelas obrigações sociais. O art. 1.044 do Código Civil assim prevê: "Os sócios podem, contudo, estipular entre si a limitação da responsabilidade de cada um; tal pacto, porém, não opera efeitos perante terceiros".

6.1.3.2 Análise comparativa

A seguir, apresenta-se uma comparação da sociedade em nome coletivo com outras formas societárias amplamente utilizadas no Brasil.

Quadro 6.1 Sociedade em nome coletivo versus outras formas societárias

Característica	Nome coletivo	Sociedade limitada	Sociedade anônima
Responsabilidade dos sócios	Ilimitada	Limitada	Limitada
Exclusividade para sócios	Pessoas físicas	Pessoas físicas/jurídicas	Pessoas físicas/jurídicas
Constituição	Contrato social	Contrato social	Estatuto social
Nome empresarial	Nome de sócios	Livre	Livre

O modelo da sociedade em nome coletivo enfrenta dificuldades em competir com formas mais modernas, como a sociedade limitada, que oferece maior proteção patrimonial aos sócios. A preferência por modalidades que minimizem riscos é evidente em um ambiente econômico cada vez mais dinâmico e competitivo.

> Conforme Flávio Tartuce (2024, p. 315), "a sobrevivência da sociedade em nome coletivo depende de sua capacidade de se adaptar às novas demandas empresariais, sem perder suas características essenciais".

Apesar de sua aplicação prática limitada, a sociedade em nome coletivo continua sendo objeto de estudos doutrinários devido à sua importância histórica e teórica. Seu modelo de solidariedade entre sócios serve como referência para a análise de relações empresariais em geral.

A sociedade em nome coletivo é uma forma societária que preserva traços tradicionais do Direito comercial, com foco na confiança e na responsabilidade entre sócios. Embora pouco utilizada na prática, sua análise permite compreender a evolução do Direito Societário e as bases das relações empresariais.

6.1.4 Sociedade em comandita simples

A sociedade em comandita simples é uma forma societária de natureza híbrida no ordenamento jurídico brasileiro. Regulamentada pelos art. 1.045 a 1.051 do Código Civil de 2002, essa sociedade distingue-se pela combinação de sócios com responsabilidades diferentes: uns que se dedicam à administração com responsabilidade ilimitada e outros que limitam sua responsabilidade ao montante de sua participação no capital. Essa configuração busca aliar a flexibilidade na gestão empresarial com a proteção patrimonial dos investidores.

A diversidade de modalidades societárias no Brasil reflete as distintas necessidades dos empreendedores no decorrer do tempo. A sociedade em comandita simples, embora pouco usual em comparação a outras formas societárias, como a sociedade limitada, apresenta características que podem ser vantajosas em contextos específicos.

Historicamente, essa sociedade teve origem no Direito europeu, sendo posteriormente incorporada ao sistema jurídico brasileiro. Ela foi concebida para equilibrar a confiança pessoal entre sócios responsáveis pela gestão e a captação de recursos de investidores que não desejam se envolver diretamente nos riscos empresariais. Como observa Rubens Requião (2019, p. 88), "o modelo da comandita simples resguarda o investidor passivo, mas não exclui a necessidade de um pacto social robusto para proteger os interesses de todos os envolvidos".

A sociedade em comandita simples é definida pelo Código Civil como uma sociedade que admite dois tipos de sócios: comanditados, que exercem a administração com responsabilidade solidária e ilimitada, e comanditários, cuja responsabilidade é limitada ao valor de sua contribuição.

Do ponto de vista classificatório, é uma sociedade de pessoas com elementos de capital, em que o personalismo prevalece na relação entre os sócios comanditados. De acordo com Carvalho de Mendonça (2000, p. 174), "a comandita simples se revela um meio-termo entre a sociedade em nome coletivo, onde todos os sócios são solidariamente responsáveis, e a sociedade anônima, caracterizada pela limitação da responsabilidade dos acionistas".

6.1.4.1 Características da sociedade em comandita simples

Assim como as demais sociedades, a comandita simples adquire personalidade jurídica com o **registro** de seu contrato social na Junta Comercial. Esse registro confere autonomia patrimonial à sociedade, segregando os bens dos sócios do patrimônio social, salvo nas hipóteses de responsabilidade ilimitada dos comanditados.

Além das regras do Código Civil, são aplicáveis subsidiariamente as normas gerais sobre sociedades e, quando pertinente, princípios de Direito empresarial.

A **constituição** de uma sociedade em comandita simples exige um contrato social que reflita com clareza as funções e responsabilidades de cada sócio. Esse contrato deve conter:

- denominação e objeto social;
- capital social e a participação de cada sócio;
- nome e qualificação dos sócios comanditados e comanditários;
- regras de administração;
- condições para a dissolução e resolução de conflitos.

O registro do contrato social é uma etapa essencial para a constituição da sociedade e para que ela possa operar no mercado. A **publicidade** do registro garante a transparência e segurança jurídica para terceiros.

A **administração** da sociedade cabe exclusivamente aos sócios comanditados. Eles assumem a gestão dos negócios sociais e têm responsabilidade ilimitada pelas obrigações da sociedade. Isso significa que os credores podem buscar o patrimônio pessoal desses sócios em caso de inadimplemento das dívidas sociais.

Os comanditários, por outro lado, estão impedidos de exercer qualquer função administrativa. Caso o façam, perdem o benefício da limitação de responsabilidade, como determina o art. 1.045 do Código Civil. De acordo com Fran Martins (2019a, p. 114), "a interferência do comanditário na administração subverte a lógica dessa sociedade e põe em risco sua própria segurança patrimonial".

A **responsabilidade dos sócios** é diferenciada:

- comanditados: respondem ilimitada e solidariamente pelas obrigações da sociedade;
- comanditários: respondem apenas até o limite de sua cota no capital social, salvo se assumirem função administrativa ou tiverem seu nome na razão social.

Essa distinção busca proteger o patrimônio dos investidores não gestores, incentivando sua participação no capital da sociedade.

A sociedade em comandita simples pode ser **dissolvida** por diversas razões:

- expiração do prazo contratual ou término do objeto social;
- acordo unânime entre os sócios;
- falência ou morte de todos os sócios comanditados;
- decisão judicial ou administrativa, em casos previstos em lei.

Após a dissolução, a liquidação deve observar a ordem de pagamento de dívidas, priorizando os credores externos e, posteriormente, os sócios.

Embora seja menos comum, a sociedade em comandita simples pode ser uma alternativa interessante para empreendedores que desejam captar recursos sem dividir o controle administrativo. Setores que demandam alto investimento inicial, como imobiliário ou tecnológico, podem se beneficiar desse modelo, especialmente quando há investidores que preferem não participar da gestão.

Contudo, sua utilização prática é limitada, principalmente em razão da preferência por sociedades limitadas, que oferecem maior proteção ao patrimônio de todos os sócios.

A sociedade em comandita simples, apesar de pouco utilizada, permanece relevante no ordenamento jurídico brasileiro como uma opção para organização empresarial. Sua estrutura permite a coexistência de sócios com diferentes níveis de envolvimento e responsabilidade, o que pode ser vantajoso em situações específicas.

Entretanto, sua aplicação requer cuidado na elaboração do contrato social e na gestão para evitar conflitos e assegurar o cumprimento das normas legais. Em um ambiente econômico dinâmico, sua adaptabilidade pode garantir maior espaço para essa sociedade no mercado brasileiro.

6.1.5 Sociedade em comandita por ações

A sociedade em comandita por ações é uma figura singular no Direito Societário brasileiro, estabelecida nos arts. 1.090 a 1.092 do Código Civil. Sua principal característica reside na junção de elementos de sociedades de pessoas e de sociedades de capital. Essa modalidade societária permite a divisão do capital em ações, como nas sociedades anônimas, mas exige que a administração seja realizada por um ou mais sócios com responsabilidade ilimitada pelas obrigações sociais, conhecidos como comanditados.

Embora não seja amplamente utilizada no Brasil, a sociedade em comandita por ações tem grande relevância no estudo do Direito empresarial, oferecendo vantagens específicas para determinados contextos econômicos e organizacionais. A seguir, abordaremos a estrutura jurídica, as características essenciais, as vantagens e desvantagens, bem como os aspectos históricos e práticos dessa sociedade no ordenamento jurídico brasileiro.

O Direito Societário brasileiro disponibiliza um leque amplo de tipos societários, cada um com características e peculiaridades destinadas a atender diferentes modelos de negócios. Nesse contexto, a sociedade em comandita por ações ocupa um espaço singular ao apresentar uma estrutura que alia a divisão de capital em ações, característica de sociedades anônimas, com a responsabilidade ilimitada de pelo menos um administrador, típica das sociedades de pessoas.

Historicamente, esse tipo societário foi inspirado no modelo europeu, particularmente na França e na Alemanha, e se adaptou às necessidades econômicas de sociedades mercantis que buscavam equilíbrio entre flexibilidade financeira e centralização administrativa.

> Segundo Rubens Requião (2019, p. 98), "a sociedade em comandita por ações é particularmente interessante para empreendimentos em que a gestão confiável é essencial, mas há necessidade de captar recursos no mercado".

A sociedade em comandita por ações tem suas raízes no Direito mercantil europeu do século XIX. Desenvolvida em países como França e Alemanha, ela surgiu como uma alternativa para empresas que desejavam expandir sua capacidade de captação de recursos sem abrir mão de uma administração centralizada e personalista. No Brasil, sua regulamentação remonta ao Código Comercial de 1850, no qual já era reconhecida como um modelo intermediário entre sociedades de pessoas e de capital.

Esse tipo societário foi incorporado ao Código Civil de 2002, que buscou modernizar o direito empresarial brasileiro, mantendo as características tradicionais, mas adaptando-as às exigências contemporâneas. Sua inclusão no Código Civil reafirma o papel da comandita por ações como uma alternativa para negócios de grande porte que requerem gestão confiável.

No Brasil, a sociedade em comandita por ações teve sua maior relevância em setores industriais e comerciais durante o início do século XX. Entretanto, com o advento de modelos mais flexíveis, como a sociedade limitada e a sociedade anônima, sua aplicação prática tornou-se restrita. Apesar disso, a figura jurídica permanece relevante em negócios que demandam uma combinação de flexibilidade financeira com administração centralizada.

O art. 1.090 do Código Civil define a sociedade em comandita por ações como aquela cujo capital é dividido em ações, cabendo a administração a um ou mais sócios que respondem ilimitada e solidariamente pelas obrigações sociais. Esse conceito reflete a natureza híbrida da comandita por ações, que reúne características das sociedades de capital e das sociedades de pessoas.

Para Fábio Ulhoa Coelho (2023b, p. 144), "a sociedade em comandita por ações é particularmente útil em cenários onde há necessidade de confiar a administração a pessoas específicas, ao mesmo tempo em que se busca a captação de recursos por meio de ações".

6.1.5.1 Características da sociedade em comandita por ações

A estrutura da sociedade em comandita por ações inclui:

- **Capital social dividido em ações**: o capital social é dividido em ações ordinárias ou preferenciais, permitindo a participação de diversos investidores.
- **Administração centralizada**: apenas os sócios comanditados podem exercer funções administrativas, reforçando a confiança na gestão.
- **Responsabilidade diferenciada**: os acionistas têm responsabilidade limitada ao valor de suas ações, e os comanditados têm responsabilidade ilimitada pelas dívidas sociais.

Conforme o art. 1.090, parágrafo único, do Código Civil, a sociedade em comandita por ações adota de modo subsidiário as normas da Lei n. 6.404/1976 (Lei das Sociedades por Ações). Isso inclui regras sobre a constituição do capital, assembleias gerais, distribuição de lucros e fiscalização.

A **constituição** da sociedade em comandita por ações exige a elaboração de um estatuto social, que deve ser registrado na Junta Comercial. Os requisitos básicos incluem:

- **denominação social**: deve incluir a expressão "comandita por ações";
- **objeto social**: a atividade principal da empresa deve ser claramente definida;
- **administração**: apenas os comanditados podem administrar a sociedade, devendo suas qualificações ser incluídas no estatuto.

A administração é exclusiva dos comanditados, que têm responsabilidade ilimitada pelas obrigações sociais. Isso significa que, em caso de dívidas, os comanditados podem ter seus bens pessoais utilizados para quitação, o que reforça a confiança dos credores.

Entre as **vantagens** das sociedades em comandita por ações, destacamos:

- captação de recursos: a divisão do capital em ações permite atrair investidores;
- centralização administrativa: a gestão centralizada garante maior controle dos comanditados;
- responsabilidade limitada dos acionistas: os acionistas não respondem pelas dívidas além do valor de suas ações.

Por sua vez, entre as **desvantagens** das sociedades em comandita por ações, citamos:

- responsabilidade ilimitada dos comanditados: pode desestimular sócios a assumir cargos administrativos;
- complexidade jurídica: requer conhecimento técnico para atender à legislação;
- baixa adoção no Brasil: a comandita por ações é pouco utilizada, limitando sua aplicabilidade prática.

Embora seja uma modalidade pouco empregada no Brasil, a sociedade em comandita por ações é adequada para negócios que exigem uma combinação de controle administrativo com ampla capacidade de captação de capital. Empresas familiares ou setores especializados, como tecnologia e serviços financeiros, podem se beneficiar dessa estrutura.

A sociedade em comandita por ações é uma figura jurídica peculiar no Direito Societário brasileiro. Sua natureza híbrida proporciona uma alternativa eficiente para empreendimentos que buscam flexibilidade financeira sem abrir mão de uma administração centralizada e confiável.

Apesar de sua baixa utilização, a comandita por ações continua sendo uma opção relevante, especialmente em contextos empresariais que valorizam a especialização na gestão. A modernização do Direito Societário e maior divulgação de suas características podem contribuir para um uso mais frequente dessa modalidade.

6.1.6 Sociedade limitada

A sociedade limitada constitui uma das modalidades societárias mais utilizadas no Brasil, principalmente por micro, pequenas e médias empresas. Essa popularidade deriva de características como a limitação da responsabilidade dos sócios ao montante do capital social e a flexibilidade de sua estrutura jurídica e administrativa. Instituída no Brasil pelo Decreto n. 3.708/1919 e, atualmente, regulamentada pelo Código Civil de 2002, a sociedade limitada continua sendo uma peça central no direito societário brasileiro.

> De acordo com Fábio Ulhoa Coelho (2023b, p. 203), "a sociedade limitada é a forma societária preferida pelos empresários brasileiros, combinando proteção patrimonial e simplicidade".

No Brasil, as sociedades comerciais evoluíram sob influência do Código Comercial de 1850, que inicialmente regulava apenas sociedades de pessoas e sociedades de capitais. A sociedade limitada foi introduzida formalmente pelo Decreto n. 3.708/1919, inspirado no modelo alemão de *Gesellschaft mit beschränkter Haftung* (GmbH).

O Código Civil de 2002 consolidou a regulamentação das sociedades limitadas nos arts. 1.052 a 1.087. Uma das inovações foi a possibilidade de que as limitadas adotassem características próprias de sociedades anônimas, como a aplicação de normas relativas à governança corporativa.

Conforme Coelho (2023b, p. 204), "a sociedade limitada ganhou versatilidade com o novo Código Civil, permitindo maior personalização no contrato social e ampliando sua aplicabilidade".

6.1.6.1 Características da sociedade limitada

A sociedade limitada tem **personalidade jurídica** distinta de seus sócios. Isso significa que as obrigações da sociedade não se confundem com as de seus integrantes.

O **capital social** é dividido em quotas, subscritas e integralizadas pelos sócios. Cada quota representa uma parcela do patrimônio da sociedade.

Quanto à **responsabilidade**, os sócios respondem apenas pelo valor das quotas que subscreveram, salvo nos casos de desconsideração da personalidade jurídica, quando houver abuso da forma societária. Conforme o art. 1.052 do Código Civil, "o sócio responde subsidiariamente pelas obrigações sociais, até o valor de suas quotas" (Brasil, 2002).

O **nome empresarial** pode ser uma firma ou denominação, devendo incluir a expressão "Ltda." para identificar a responsabilidade limitada.

A **constituição** de uma sociedade limitada exige pelo menos dois sócios, um contrato social e o registro na Junta Comercial. O contrato social é o documento básico que rege a relação entre os sócios e define o objeto social, a administração e as responsabilidades.

A **administração** pode ser exercida por um ou mais sócios, ou por terceiros designados no contrato social. Para Carlos Roberto Gonçalves (2022, p. 140), "a administração na sociedade limitada deve observar os limites do contrato social, evitando o abuso de poder".

Os sócios têm **direito** à participação proporcional nos lucros, salvo estipulação contrária no contrato social. O direito de voto, por sua vez, é proporcional à participação no capital social, podendo ser modificado por cláusula contratual.

Os sócios têm o **dever** de contribuir com o capital subscrito e agir em benefício da sociedade. Conforme Fran Martins (2019, p. 194), "o exercício do direito de voto pelos sócios deve observar o princípio da boa-fé, evitando conflitos de interesse".

A **dissolução** pode ser voluntária (por decisão dos sócios) ou judicial (por descumprimento de obrigações). Após a dissolução, o patrimônio da sociedade é liquidado, e eventuais excedentes são distribuídos entre os sócios. A dissolução não extingue automaticamente as obrigações societárias, cabendo aos sócios e administradores garantir sua liquidação.

A sociedade limitada é amplamente utilizada no Brasil em razão de sua simplicidade administrativa e flexibilidade. Muitos empreendedores optam por essa modalidade para *startups* e pequenas empresas, dada a facilidade de adaptação às necessidades do mercado. Por tal motivo a sociedade limitada é a forma mais acessível para empresários que buscam limitar riscos e manter a autonomia no gerenciamento do negócio.

A doutrina sobre a sociedade limitada demonstra que essa modalidade societária desempenha um papel crucial no Direito Empresarial brasileiro. Suas características permitem uma proteção significativa aos sócios, ao mesmo tempo em que garantem flexibilidade no gerenciamento e estruturação do negócio.

A regulamentação vigente oferece segurança jurídica para os empreendedores, sendo necessário apenas atenção às cláusulas do contrato social e aos requisitos legais para sua operação.

6.2 Sociedades não personificadas

O Código Civil de 2002 disciplinou de maneira sistemática as sociedades não personificadas no Brasil, dividindo-as em duas modalidades principais: as sociedades em comum e as sociedades em conta de participação. Essas figuras jurídicas caracterizam-se pela ausência de registro, o que implica a inexistência de personalidade jurídica.

No Direito brasileiro, a sociedade não personificada ocupa uma posição singular no campo do Direito Societário. Regulada pelos arts. 986 a 996 do Código Civil, trata-se de uma categoria jurídica que compreende aquelas sociedades que, por falta de registro nos órgãos competentes, não adquirem personalidade jurídica. Apesar dessa ausência de formalização, as sociedades não personificadas desempenham um papel relevante nas relações econômicas, especialmente em cenários de menor complexidade.

A disciplina das sociedades não personificadas reflete a tentativa do legislador de harmonizar a flexibilidade contratual com a segurança jurídica. Segundo Coelho (2023b, p. 198), "o regime jurídico dessas sociedades possibilita que atividades econômicas se desenvolvam de maneira informal, sem ignorar as responsabilidades que os sócios assumem perante terceiros".

As duas espécies de sociedades não personificadas – a sociedade em comum e a sociedade em conta de participação – apresentam características e finalidades distintas.

6.2.1 Fundamentos das sociedades não personificadas

As sociedades não personificadas são aquelas que não têm personalidade jurídica própria por falta de registro. Diferentemente das sociedades personificadas, que adquirem personalidade jurídica ao registrarem seus atos constitutivos, as não personificadas permanecem regidas exclusivamente pelo contrato firmado entre os sócios.

O art. 986 do Código Civil estabelece o ponto de partida para a disciplina das sociedades não personificadas: "Enquanto não inscritos os atos constitutivos, reger-se-ão as relações entre os sócios e destes com terceiros pelas disposições relativas à sociedade em comum" (Brasil, 2002).

Essa definição traz à tona duas implicações principais:

- Os atos da sociedade são praticados em nome dos próprios sócios, que assumem diretamente as responsabilidades decorrentes.
- Não há separação patrimonial entre os bens da sociedade e os bens dos sócios, o que aumenta o risco patrimonial para os participantes.

Conforme ressalta Venosa (2020, p. 312), "as sociedades não personificadas, embora informais, são instrumentos úteis para organizar atividades econômicas iniciais ou transitórias, sem a necessidade de formalização imediata".

O Código Civil divide as sociedades não personificadas em duas categorias principais:

- **Sociedade em comum**: configurada pela ausência de registro e pela atuação em nome dos sócios;
- **Sociedade em conta de participação (SCP)**: formada por contrato entre sócios ostensivos e participantes, tendo como característica a atuação reservada de um ou mais sócios.

6.2.2 Sociedade em comum

A sociedade em comum é a modalidade mais simples e informal de sociedade não personificada. Sua principal característica é a ausência de registro, o que implica que suas relações jurídicas se estabelecem diretamente entre os sócios e os terceiros envolvidos.

A sociedade em comum é regida pelo art. 986 do Código Civil, que prevê que sua existência está vinculada ao contrato entre os sócios. Não há personalidade jurídica, o que significa que não há autonomia patrimonial em relação aos bens dos sócios.

Fábio Ulhoa Coelho (2023b, p. 200) esclarece que "a sociedade em comum não pode ser considerada uma pessoa jurídica, mas sim um acordo de vontades que estabelece obrigações solidárias entre os sócios".

A **responsabilidade** dos sócios é solidária e ilimitada, conforme disposto no art. 990 do Código Civil: "Todos os sócios respondem solidária e ilimitadamente pelas obrigações sociais, salvo cláusula expressa de limitação de responsabilidade" (Brasil, 2002).

Essa regra visa proteger terceiros que contratem com a sociedade em comum, mas também representa um risco significativo para os sócios.

6.2.3 Sociedade em conta de participação

A sociedade em conta de participação (SCP) é um modelo jurídico peculiar, caracterizado pela colaboração entre um sócio ostensivo, que atua externamente, e sócios participantes, que investem na atividade sem se expor publicamente.

De acordo com o art. 991 do Código Civil, a SCP não tem personalidade jurídica nem denominação social, sendo regulada exclusivamente pelo contrato firmado entre os sócios.

A atividade econômica é desenvolvida exclusivamente pelo sócio ostensivo, enquanto os sócios participantes contribuem com capital ou recursos. Esse modelo é amplamente utilizado em empreendimentos de curto prazo ou em projetos específicos.

O sócio ostensivo é o único que responde perante terceiros, mas, em caso de má-fé ou ocultação do contrato, o sócio participante pode ser chamado a responder solidariamente.

"A sociedade em conta de participação é um instrumento eficiente para limitar a exposição dos sócios participantes, mas exige que o sócio ostensivo atue com transparência e boa-fé" (Venosa, 2020, p. 318).

6.2.4 Análise comparativa

Quadro 6.2 Sociedade em comum *versus* Sociedade em conta de participação

Aspecto	Sociedade em comum	Sociedade em conta de participação (SCP)
Registro	Ausente	Ausente
Personalidade jurídica	Não há	Não há
Responsabilidade	Solidária e ilimitada	Limitada ao sócio ostensivo
Atuação externa	Em nome dos sócios	Apenas pelo sócio ostensivo
Natureza do contrato	Simples	Complexa, exige clareza de cláusulas

As sociedades não personificadas desempenham um papel importante no sistema jurídico brasileiro, oferecendo uma alternativa flexível e desburocratizada para o exercício de atividades econômicas. No entanto, a ausência de personalidade jurídica e o consequente aumento do risco patrimonial dos sócios impõem desafios significativos.

A sociedade em comum e a sociedade em conta de participação apresentam características e finalidades distintas, mas ambas exigem atenção quanto à redação de seus contratos e à observância das regras previstas no Código Civil.

Conforme destacado por Gagliano e Pamplona Filho (2023, p. 227), "o regime jurídico das sociedades não personificadas reflete a necessidade de equilíbrio entre autonomia privada e segurança jurídica, preservando a liberdade de empreender sem desconsiderar a proteção de terceiros".

Capítulo 7
Sociedade por ações

A sociedade por ações é regulada pela Lei n. 6.404/1976, conhecida como Lei das Sociedades por Ações ou, ainda, Lei das S.A. Diferentemente das sociedades limitadas, as ações de uma sociedade anônima são livremente negociáveis, e a responsabilidade dos acionistas é limitada ao preço de emissão das ações subscritas. Segundo Fran Martins (2019a, p. 138), "a sociedade anônima representa o tipo societário mais sofisticado do ponto de vista organizacional, sendo amplamente utilizada em grandes empreendimentos".

A sociedade por ações se destaca como um dos pilares do Direito Empresarial brasileiro, regulamentada pela Lei n. 6.404/1976. Sua importância transcende o campo jurídico, sendo essencial para o financiamento de grandes projetos e a integração de capitais no mercado financeiro. Essa modalidade societária combina proteção jurídica aos acionistas, flexibilidade administrativa e acesso a fontes diversificadas de financiamento.

Além de atender às necessidades de grandes corporações, o modelo de sociedade por ações influencia significativamente o ambiente regulatório e a economia como um todo. Segundo Modesto Carvalhosa (2021, p. 106), "a sociedade por ações é o reflexo da complexidade e da interdependência da economia contemporânea, exigindo um arcabouço jurídico sólido e eficiente".

A sociedade por ações é um marco da evolução das estruturas empresariais e sua história remonta à Idade Moderna. A criação das companhias mercantis, como a Companhia Holandesa das Índias Orientais (1602), introduziu o conceito de divisão do capital em ações, permitindo que pequenos e grandes investidores participassem de projetos comerciais de grande envergadura.

A Revolução Industrial (séculos XVIII e XIX) intensificou a necessidade de grandes volumes de capital para financiar inovações tecnológicas e empreendimentos industriais, como ferrovias e siderúrgicas. Nesse período, a sociedade por ações consolidou-se como a principal forma de organização empresarial no mundo ocidental, sendo adotada em legislações nacionais, como o *Companies Act* britânico de 1844 e o Código Napoleônico de 1807.

No Brasil, o Código Comercial de 1850 foi a primeira norma a disciplinar as sociedades anônimas. Inspirado em modelos europeus, o Código introduziu um arcabouço jurídico que visava organizar a crescente economia imperial.

No entanto, foi apenas no século XX, com a industrialização e a criação de grandes empresas, que as sociedades por ações passaram a desempenhar um papel relevante. A Lei n. 6.404/1976 modernizou esse regime jurídico, alinhando-o às exigências do mercado de capitais e promovendo segurança jurídica e transparência.

O modelo de desenvolvimento econômico brasileiro, centrado em grandes empresas estatais, como Petrobras e Vale do Rio Doce, estruturaram-se como sociedades anônimas, impulsionando o uso desse modelo no Brasil. Essa escolha permitiu maior captação de recursos no mercado, além de facilitar parcerias com o setor privado.

7.1 Características das sociedades por ações

As principais características gerais das S.A. são:

- **Personalidade jurídica própria**: são entidades separadas de seus acionistas, com autonomia patrimonial.
- **Divisão do capital em ações**: o capital social é dividido em unidades negociáveis, permitindo a entrada e saída de investidores.
- **Responsabilidade limitada dos acionistas**: os acionistas respondem pelas obrigações da sociedade apenas até o valor de sua participação.
- **Separação entre propriedade e gestão**: a administração da sociedade é frequentemente delegada a um corpo gerencial ou conselheiros.

A sociedade por ações é uma pessoa jurídica autônoma, distinta de seus acionistas. Essa separação é essencial para garantir que os direitos e obrigações da sociedade não sejam confundidos com os de seus investidores, exceto em casos de abuso de personalidade jurídica (art. 50, Código Civil).

A autonomia patrimonial protege os acionistas, incentivando o investimento, pois limita os riscos ao montante subscrito nas ações adquiridas.

7.1.1 Capital social

O capital social é dividido em ações, representando frações do patrimônio da sociedade. Essa divisão facilita a negociação de participações e a entrada de novos investidores, além de permitir maior flexibilidade na captação de recursos.

O capital social é um elemento essencial para a constituição e o funcionamento de uma empresa por ações, servindo como base para suas operações e garantindo a segurança dos credores. Ele é o montante de recursos aportados pelos sócios ou acionistas de uma empresa, representando a contribuição inicial ou subsequente para a formação do patrimônio da organização. Em empresas por ações, esse capital é dividido em frações denominadas ações, que conferem aos seus titulares direitos e responsabilidades proporcionais à sua participação.

O capital social cumpre várias funções essenciais no âmbito empresarial:

- **Base financeira:** serve como alicerce para as atividades iniciais da empresa, viabilizando investimentos em infraestrutura, aquisição de ativos e capital de giro.
- **Garantia para credores:** representa um lastro para terceiros que mantêm relações financeiras com a empresa, como fornecedores e instituições financeiras.
- **Divisão de riscos:** o capital social permite que o risco do negócio seja compartilhado entre os acionistas, reduzindo o impacto financeiro individual.
- **Identidade e governança:** define o controle e a estrutura de poder dentro da organização, já que a quantidade de ações detidas por acionista influencia as decisões e os direitos de voto.

A constituição do capital social em uma empresa por ações pode ocorrer de diversas formas, incluindo:

- **Aportes financeiros:** contribuições em dinheiro realizadas pelos acionistas.
- **Bens tangíveis e intangíveis:** transferência de bens móveis, imóveis ou direitos que possam ser avaliados economicamente.
- **Conversão de créditos:** conversão de dívidas em participações acionárias.

Independentemente da forma, é essencial que o capital social esteja devidamente registrado no contrato ou estatuto social e nos órgãos competentes, como as Juntas Comerciais.

Empresas podem realizar aumentos ou reduções de capital social conforme suas necessidades. Um aumento pode ocorrer por:

- **Emissão de novas ações:** captar recursos adicionais no mercado.
- **Incorporação de lucros ou reservas:** utilizar lucros acumulados para fortalecer o capital social.

Já a redução do capital social pode ser necessária em casos de prejuízos que comprometem o patrimônio ou para devolução de valores aos acionistas, sempre obedecendo aos limites legais.

A legislação brasileira, especialmente a Lei das Sociedades por Ações (Lei n. 6.404/1976), estabelece regras claras sobre a constituição, alteração e administração do capital social. Entre os pontos mais relevantes, destacam-se:

- **Integralização:** o capital subscrito deve ser integralizado, ou seja, efetivamente aportado pelos acionistas;
- **Publicidade:** o capital social deve ser informado nos atos constitutivos e em eventuais atualizações;

- **Proteção aos acionistas**: garantias de que decisões sobre capital social respeitem o princípio da igualdade e os direitos dos acionistas minoritários.

A estrutura do capital social influencia diretamente a governança corporativa, especialmente em aspectos como:

- **Poder de voto**: a distribuição das ações determina o controle das decisões empresariais.
- **Direitos de minoritários**: mecanismos como *tag along* e voto em separado visam proteger acionistas com participação reduzida.
- **Transparência**: a divulgação de informações financeiras e operacionais assegura uma gestão mais eficiente e responsável.

Na prática, o capital social também reflete a confiabilidade e a estabilidade de uma empresa. Investidores e parceiros comerciais frequentemente avaliam o montante do capital social como indicador da capacidade de honrar compromissos e resistir a crises econômicas. O capital social é um elemento central para empresas por ações, sendo essencial tanto para sua constituição quanto para seu funcionamento sustentável. Sua gestão adequada, alinhada às boas práticas de governança corporativa e às disposições legais, contribui para o fortalecimento da empresa e para a geração de valor a longo prazo. Assim, compreender e administrar o capital social é fundamental para o sucesso de qualquer organização.

7.1.2 Tipos de ações

No Brasil, as sociedades por ações podem emitir diferentes tipos de ações, que conferem direitos e obrigações distintos aos acionistas. De acordo com a Lei n. 6.404/1976, as ações podem ser classificadas em:

- **Ações ordinárias (ON)**: conferem direito de voto nas assembleias gerais e garantem aos acionistas participação direta nas decisões da empresa. Em caso de venda do controle acionário, os acionistas ordinários têm direito ao *tag along*, que assegura uma oferta de compra de suas ações nas mesmas condições oferecidas ao controlador.
- **Ações preferenciais (PN)**: não conferem direito de voto, salvo exceções previstas em lei e oferecem prioridade na distribuição de dividendos e no reembolso do capital em caso de liquidação da empresa. Podem ter vantagens financeiras adicionais, como dividendos mínimos ou fixos.
- **Ações com direitos diferenciados**: algumas S.A. podem emitir ações com direitos diferenciados, como ações de classe especial, dependendo das previsões do estatuto social.

Além da classificação quanto aos direitos, as ações podem ser:

- **Nominativas:** registradas em nome do acionista nos livros da companhia ou em instituição financeira autorizada.
- **Escriturais:** não têm certificado físico e são mantidas em registro eletrônico em instituições financeiras.

7.1.3 Responsabilidade limitada

A responsabilidade dos sócios em uma sociedade anônima está diretamente relacionada ao modelo jurídico dessa estrutura empresarial. Esse tipo de sociedade se caracteriza pela separação entre o patrimônio dos acionistas e o patrimônio da sociedade, o que traz implicações diretas na extensão da responsabilidade dos sócios.

Na S.A., a responsabilidade dos sócios (acionistas) é limitada ao valor das ações que subscreveram ou adquiriram. Isso significa que os acionistas não respondem diretamente pelas obrigações da sociedade com seu patrimônio pessoal, salvo em situações excepcionais previstas na legislação.

A S.A. pode ser de capital aberto (com ações negociadas em bolsa de valores) ou de capital fechado. Independentemente da modalidade, o princípio da responsabilidade limitada prevalece, garantindo maior segurança jurídica aos investidores.

Apesar da regra geral, existem situações em que os acionistas podem ser responsabilizados além do valor de suas ações:

- **Desconsideração da personalidade jurídica:** em casos de abuso da personalidade jurídica, como desvio de finalidade ou confusão patrimonial, o Judiciário pode desconsiderar a autonomia da pessoa jurídica e alcançar o patrimônio dos acionistas;
- **Responsabilidade solidária de administradores:** se o acionista exercer influência direta na gestão da sociedade ou participar de atos ilícitos cometidos pelos administradores, pode ser responsabilizado solidariamente.
- **Ações subscritas e não integralizadas:** o acionista responde pela integralização do capital subscrito, ou seja, pelo valor das ações que ainda não foram pagas integralmente.

A limitação da responsabilidade incentiva o investimento e o desenvolvimento econômico, uma vez que reduz os riscos para os acionistas. Por outro lado, exige uma estrutura de governança robusta e fiscalização para evitar abusos e proteger credores e outros *stakeholders*.

Em resumo, os sócios de uma S.A. têm sua responsabilidade restrita ao montante de capital que aportaram na sociedade, salvo exceções previstas na lei. Esse modelo jurídico reflete uma das principais vantagens desse tipo societário, sendo amplamente utilizado em grandes empreendimentos e mercados financeiros.

7.1.4 Constituição e funcionamento

A constituição de uma sociedade por ações exige o cumprimento de formalidades rigorosas, como:

- **Contrato de subscrição**: documento pelo qual os fundadores definem o capital inicial e os subscritores das ações.
- **Estatuto social**: documento que regula o funcionamento da sociedade, incluindo as regras de governança, administração e distribuição de resultados.
- **Registro na Junta Comercial**: necessário para a obtenção de personalidade jurídica.

A assembleia inaugural aprova o estatuto, elege os primeiros administradores e oficializa o início das operações da sociedade. A administração das S.A. é disciplinada pela Lei das S.A., que estabelece os principais órgãos dessa sociedades:

- **Assembleia Geral**: é o órgão supremo da sociedade, reunindo os acionistas para deliberar sobre questões estratégicas, como aprovação das contas da diretoria, distribuição de lucros e alterações no estatuto social.
- **Conselho de Administração**: é órgão obrigatório nas S.A. de capital aberto e tem como função definir a estratégia da empresa, supervisionar a diretoria, representar os interesses dos acionistas.
- **Diretoria**: é responsável pela gestão cotidiana da empresa, cabendo aos diretores a execução das estratégias definidas pelo Conselho de Administração.
- **Conselho Fiscal**: é um órgão independente que fiscaliza as operações financeiras e administrativas da empresa, garantindo maior transparência e proteção aos acionistas.

7.2 Tipos de sociedades por ações

7.2.1 Sociedade aberta

As sociedades por ações de capital aberto no Brasil desempenham um papel fundamental no mercado financeiro, permitindo que empresas captem recursos diretamente do público para financiar suas operações e expandir seus negócios.

Esse modelo societário é regulamentado pela Lei n. 6.404/1976 e está sujeito à supervisão da Comissão de Valores Mobiliários (CVM), órgão responsável por fiscalizar o mercado de capitais no país.

São características das sociedades de capital aberto:

- **Abertura ao mercado:** a sociedade por ações de capital aberto é aquela que registra valores mobiliários na Comissão de Valores Mobiliários (CVM) para negociação pública, conforme disposto no art. 4º da Lei das S.A.: "É assegurada aos acionistas a transferência das suas ações, sendo-lhes garantido o direito de participar dos lucros sociais e do acervo, em caso de liquidação da companhia" (Brasil, 1976). Esse registro é obrigatório para que as ações sejam negociadas em mercado regulamentado, como a bolsa de valores (B3).
- **Negociação em bolsa:** a negociação das ações ocorre no mercado secundário, promovendo liquidez para os investidores e facilitando a entrada e saída de acionistas. O art. 6º da Lei das S.A. assegura a livre circulação das ações: "As ações são livremente negociáveis, desde que respeitadas as condições previstas em lei e no estatuto social" (Brasil, 1976).
- **Transparência e governança corporativa:** empresas de capital aberto têm a obrigação de divulgar informações financeiras, operacionais e estratégicas, conforme o art. 176, que exige a publicação de demonstrações financeiras auditadas: "Ao fim de cada exercício social, a diretoria fará elaborar, com base na escrituração mercantil da companhia, as demonstrações financeiras" (Brasil, 1976).
- **Captação de recursos:** esse tipo de sociedade pode emitir ações, debêntures e outros instrumentos financeiros, viabilizando a captação de recursos para projetos de longo prazo, expansão e inovação. As sociedades de capital aberto podem emitir diferentes valores mobiliários, como ações ordinárias e preferenciais e debêntures, para captar recursos: "Art. 15. A companhia pode emitir ações ordinárias e preferenciais, estas com ou sem direito a voto, e as que conferem direito de preferência terão prioridade na distribuição de dividendos. [...] Art. 52. A companhia pode emitir debêntures, que são valores mobiliários representativos de dívida" (Brasil, 1976).
- **Proteção ao investidor:** a governança corporativa é essencial para atrair investidores e assegurar a proteção dos acionistas, especialmente os minoritários. O art. 109 detalha os direitos essenciais dos acionistas, como participação nos lucros e fiscalização da gestão: "Além de outros direitos, a lei assegura aos acionistas o direito de participar dos lucros sociais, da fiscalização da gestão da companhia e de retirar-se da sociedade nos casos previstos" (Brasil, 1976).

- **Tag along e proteção contra alienação de controle:** o art. 254-A da Lei das S.A. protege acionistas minoritários em caso de alienação do controle da empresa, garantindo que eles possam vender suas ações nas mesmas condições dos controladores (direito de *tag along*): "Se houver alienação do controle da companhia, o adquirente deve fazer oferta pública de aquisição das ações dos demais acionistas nas mesmas condições" (Brasil, 1976).

No Brasil, empresas de capital aberto, como bancos, companhias de energia e grandes varejistas, têm um papel crucial no desenvolvimento econômico. Elas impulsionam o crescimento do mercado de capitais e contribuem para a formação de poupança interna, além de atrair investimentos estrangeiros.

Esse modelo societário é uma opção estratégica para empresas que buscam crescer de forma sustentável, ao mesmo tempo em que se adaptam às exigências de um mercado global cada vez mais competitivo e regulado.

As sociedades abertas têm suas ações negociadas em bolsa de valores ou mercado de balcão. Sua regulamentação é exercida pela Comissão de Valores Mobiliários (CVM), que exige maior transparência e compliance com normas específicas.

7.2.2 Sociedade fechada

A sociedade por ações de capital fechado é uma estrutura societária amplamente utilizada no Brasil por empresas que desejam operar com maior flexibilidade e privacidade em relação à divulgação de informações financeiras e operacionais. Essa modalidade está regulamentada pela Lei n. 6.404/1976 e apresenta características específicas que a diferenciam das sociedades anônimas de capital aberto.

O capital social da sociedade é dividido em ações, que podem ser ordinárias (com direito a voto) ou preferenciais (sem direito a voto, mas com preferência na distribuição de dividendos).

Diferentemente das sociedades de capital aberto, as ações das sociedades de capital fechado não são negociadas em bolsas de valores ou mercado de balcão organizado. Isso garante maior controle sobre os acionistas e evita a pulverização do capital.

Empresas de capital fechado não estão obrigadas a publicar suas demonstrações financeiras em jornais de grande circulação, salvo exceções específicas previstas na legislação ou exigências contratuais. Isso proporciona um nível maior de confidencialidade em relação a seus dados financeiros. O art. 294 da Lei das S.A. dispensa empresas de capital fechado com menos de 20 acionistas e patrimônio líquido inferior a R$ 10 milhões da obrigatoriedade de publicação de demonstrações financeiras, oferecendo maior privacidade às informações financeiras.

A administração pode ser exercida por um Conselho de Administração (caso seja previsto no estatuto) e por diretores. Essa estrutura é opcional para empresas com capital fechado, dependendo do porte e das necessidades da companhia. Segundo o art. 138, a administração pode ser realizada por uma Diretoria e, facultativamente, por um Conselho de Administração, se previsto no estatuto social. Essa flexibilidade é vantajosa para empresas menores ou familiares.

Como não há necessidade de reportar-se ao mercado, as decisões estratégicas podem ser tomadas de modo mais ágil, sem interferências externas ou a necessidade de atender a demandas de investidores institucionais. As decisões são tomadas em assembleias gerais, regidas pelos arts. 121 a 137, sendo uma forma de garantir a participação dos acionistas nas deliberações estratégicas, como alterações no estatuto ou aumentos de capital.

Sociedades por ações de capital fechado são frequentemente escolhidas por empresas familiares que buscam profissionalizar sua gestão sem abrir mão do controle acionário. Além disso, *startups* em fase de crescimento podem adotar essa estrutura para atrair investidores estratégicos, como fundos de *private equity*.

Em síntese, a sociedade por ações de capital fechado é uma solução viável e eficiente para empresas que desejam flexibilidade, controle e menor exposição pública, ao mesmo tempo em que aproveitam os benefícios de uma estrutura corporativa organizada.

7.3 Governança corporativa nas sociedades por ações

A governança corporativa é um conjunto de princípios, práticas e processos utilizados para dirigir e controlar uma empresa. No âmbito das sociedades por ações, sua importância é particularmente destacada em razão da separação entre propriedade e gestão, além da necessidade de proteger os interesses de um amplo conjunto de *stakeholders*, como acionistas, empregados, clientes e a sociedade em geral. Baseia-se em princípios fundamentais como a transparência, que implica a divulgação clara, acessível e tempestiva das informações financeiras e não financeiras relevantes; a equidade, que assegura o tratamento justo e igualitário de todos os acionistas, independentemente de seu percentual de participação ou poder de influência; a responsabilidade corporativa, que reflete o compromisso com a sustentabilidade econômica, social e ambiental; e a prestação de contas, na qual gestores e conselhos são responsáveis por suas ações perante os acionistas e demais *stakeholders*.

Nas sociedades por ações, a estrutura de governança corporativa é composta por órgãos essenciais que desempenham funções específicas. A Assembleia Geral, por exemplo, é o principal órgão deliberativo, reunindo os acionistas para tomar decisões estratégicas, como aprovação de demonstrações financeiras, eleição de membros do Conselho de Administração e alteração do estatuto social. O Conselho de Administração é responsável pela direção estratégica e supervisão da gestão executiva, enquanto a Diretoria Executiva tem a função de gerir a operação e implementar as diretrizes definidas pelo conselho. Já o Conselho Fiscal é um órgão independente encarregado de fiscalizar os atos da administração, assegurando conformidade legal e transparência.

A adoção de boas práticas de governança corporativa traz vários benefícios. Ela facilita o acesso a capital, uma vez que empresas bem governadas atraem mais investidores devido à confiança gerada por sua gestão transparente e eficiente. Ademais, impacta positivamente na valorização de mercado, melhorando tanto o valor das ações quanto a reputação da empresa. Outra vantagem é a mitigação de riscos, pois sistemas de controle interno bem implementados reduzem riscos financeiros, operacionais e de *compliance*. Além disso, a sustentabilidade corporativa é reforçada, garantindo que as empresas equilibrem seus objetivos econômicos com impactos sociais e ambientais positivos.

Apesar dos benefícios, implementar uma governança corporativa eficaz em sociedades por ações pode ser desafiador. Um dos principais desafios está nos conflitos de interesses, especialmente entre acionistas majoritários e minoritários, que podem gerar tensões. Além disso, o custo de *compliance* pode ser elevado, tornando a manutenção de estruturas e processos de governança onerosa, especialmente para empresas de menor porte. Também existe a resistência cultural, uma vez que mudanças nos hábitos e mentalidades organizacionais demandam tempo e esforço significativos.

A governança corporativa nas sociedades por ações é, portanto, um pilar essencial para a perenidade e competitividade das organizações. Além de atender às exigências regulatórias, sua implementação eficiente promove a confiança dos investidores, a transparência nas relações empresariais e o desenvolvimento sustentável, contribuindo para a geração de valor para todos os *stakeholders* envolvidos.

7.4 Elementos universais e Direito comparado

Independentemente das variações nacionais, as sociedades anônimas compartilham características fundamentais. Apesar das similaridades, os aspectos relacionados à governança corporativa, à proteção de acionistas minoritários e à regulação de mercados de capitais variam amplamente entre os países.

7.4.1 Estados Unidos: as *corporations*

Nos Estados Unidos, as sociedades anônimas são conhecidas como *corporations* e apresentam um regime jurídico descentralizado, com normas definidas pelos estados de maneira autônoma e independente, sendo Delaware o mais popular em virtude de sua legislação amigável às empresas.

Características principais:

- **Flexibilidade**: a legislação de Delaware permite estruturas societárias personalizadas, incluindo acordos de acionistas amplamente negociáveis.
- **Mercado de capitais**: empresas listadas devem cumprir as normas da *Securities and Exchange Commission* (SEC), que incluem regras rígidas de divulgação e governança.
- **Direito dos acionistas**: há uma forte proteção aos acionistas minoritários, especialmente em casos de fusões e aquisições.

7.4.2 Alemanha: as *aktiengesellschaften* (AG)

Na Alemanha, as sociedades anônimas são conhecidas como *aktiengesellschaften* (AG) e são reguladas pela Aktiengesetz (Lei das Sociedades Anônimas).

Características principais:

- **Modelo de governança dual**: inclui um conselho de supervisão (*Aufsichtsrat*) e um conselho de gestão (*Vorstand*). Essa estrutura separa claramente a fiscalização e a administração executiva.
- **Participação dos trabalhadores**: empresas de grande porte devem incluir representantes dos empregados no conselho de supervisão, em um modelo conhecido como codeterminação (*Mitbestimmung*);
- **Mercado de capitais**: a Alemanha conta com regras rigorosas para a listagem de ações, mas o mercado de capitais local é menos desenvolvido do que o americano.

7.4.3 Japão: as *kabushiki kaisha* (KK)

No Japão, as sociedades anônimas são denominadas *kabushiki kaisha* (KK) e são regidas pela Lei das Sociedades de 2005, que introduziu maior flexibilidade e simplificação no registro e na governança das empresas.

Características principais:

- **Governança corporativa**: a estrutura tradicional japonesa enfatizava o controle interno, mas reformas recentes alinharam as práticas de governança aos padrões internacionais.
- **Grupos empresariais (keiretsu)**: as *kabushiki kaisha* frequentemente fazem parte de conglomerados interligados por participações acionárias, promovendo estabilidade, mas limitando a competição interna.
- **Proteção dos minoritários**: embora tenha avançado nos últimos anos, ainda é considerada mais fraca em comparação aos Estados Unidos e à Alemanha.

7.4.4 México: o modelo flexível das sociedades *anónimas bursátiles* (SABs)

No México, as sociedades anônimas são regidas pela *Ley General de Sociedades Mercantiles* e, no caso das sociedades de capital aberto, pela *Ley del Mercado de Valores*.

Características principais:

- **Modalidades**: *sociedad anónima* (SA) é a modalidade tradicional, geralmente usada por empresas familiares; e *sociedad anónima bursátil* (SAB), voltada para empresas listadas no mercado de capitais.
- **Governança corporativa**: a legislação mexicana exige a criação de comitês especializados, como o de auditoria, para garantir maior controle interno. Empresas de capital aberto devem adotar códigos de governança baseados em padrões internacionais.
- **Mercado de capitais**: a Bolsa Mexicana de Valores (BMV) é um dos principais centros financeiros da região, mas ainda enfrenta dificuldades para atrair pequenas e médias empresas.

7.4.5 Argentina: as *sociedades anónimas* e o papel da CNV

Na Argentina, as sociedades anônimas são reguladas pela *Ley General de Sociedades* (Lei n. 19.550/1972) e pela *Comisión Nacional de Valores* (CNV).
Características principais:

- **Modalidades**: *sociedad anónima* (SA), que é a forma societária mais utilizada para grandes empresas; e *sociedad anónima simplificada* (SAS), introduzida em 2017 para facilitar o registro de pequenas empresas, com menor burocracia.
- **Direitos dos acionistas**: a legislação argentina busca proteger os acionistas minoritários, garantindo-lhes direito a voto e participação nos lucros.
- **Ações**: as ações podem ser negociadas na Bolsa de Comércio de Buenos Aires (BCBA).
- **Governança corporativa**: empresas listadas devem divulgar relatórios anuais detalhados e adotar práticas de transparência.

7.4.6 Chile: as *sociedades anónimas* e a fortalecida regulação do mercado

O Chile é considerado um dos países com o mercado de capitais mais desenvolvido da América Latina. As sociedades anônimas são reguladas pela *Ley de Sociedades Anónimas* (Lei n. 18.046/1981) e supervisionadas pela *Comisión para el Mercado Financiero* (CMF).
Características principais:

- **Modalidades**: *sociedad anónima cerrada*, voltada para empresas de capital fechado; e *sociedad anónima aberta*, empresas listadas na Bolsa de Valores de Santiago, obrigadas a cumprir exigências rigorosas de governança.
- **Governança corporativa**: a legislação chilena é reconhecida por sua robustez, com exigências claras para proteção de acionistas minoritários. Empresas listadas devem contar com um Conselho de Administração composto por membros independentes.
- **Estabilidade do mercado**: o Chile tem um histórico de estabilidade econômica, o que favorece a confiança dos investidores estrangeiros.

Capítulo 8

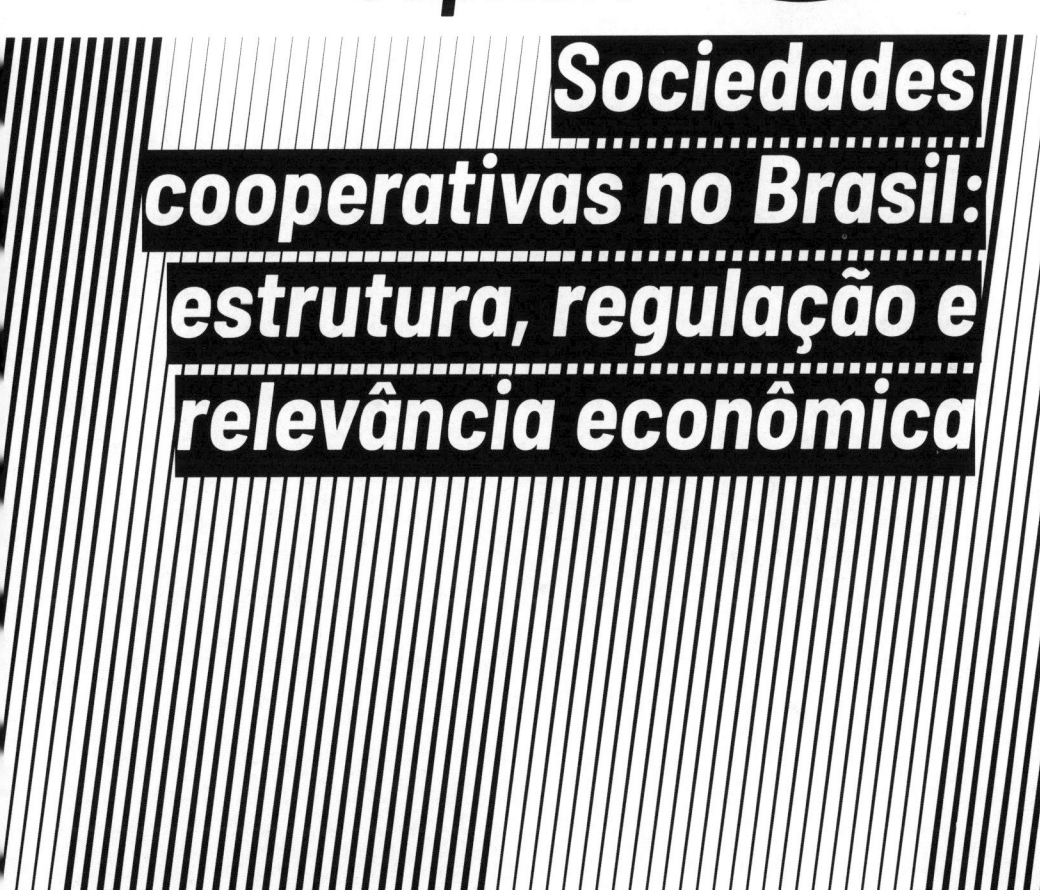

Sociedades cooperativas no Brasil: estrutura, regulação e relevância econômica

As sociedades cooperativas são fundamentais para o desenvolvimento econômico e social do Brasil. Diferentemente das empresas tradicionais, elas são organizações associativas que têm como base a solidariedade e a colaboração entre seus membros. Sua principal característica é a promoção de benefícios mútuos entre os cooperados, valorizando princípios como a gestão democrática, a participação econômica e o interesse pela comunidade.

No Brasil, as sociedades cooperativas estão regulamentadas pela Lei n. 5.764, de 16 de dezembro de 1971, que define o regime jurídico do cooperativismo e oferece um arcabouço para sua constituição, sua organização e seu funcionamento. Neste capítulo, abordaremos, de forma ampla e didática, os principais aspectos das sociedades cooperativas no Brasil, desde seus fundamentos legais até sua importância para a economia e a sociedade.

Trata-se um modelo societário que combina interesses econômicos com princípios sociais, promovendo a inclusão e a sustentabilidade, tornando-se a principal forma jurídica para enfrentar os desafios ambientais atuais.

O movimento cooperativista no Brasil tem suas raízes ligadas às influências do modelo europeu, iniciado em Rochdale, Inglaterra, em 1844. A primeira cooperativa brasileira, a Cooperativa Econômica dos Funcionários Públicos de Ouro Preto, foi criada em 1889 em Minas Gerais. Desde então, o modelo se expandiu para outros estados e setores econômicos.

No Brasil, o cooperativismo ganhou força no final do século XIX, com a chegada de imigrantes europeus que trouxeram a ideia de associações econômicas baseadas na ajuda mútua. Desde então, o movimento cooperativista expandiu-se para diversos setores, como agricultura, crédito, saúde, consumo e trabalho.

O setor rural foi o principal campo de atuação do cooperativismo nas primeiras décadas do século XX. As cooperativas agropecuárias foram fundamentais para pequenos e médios agricultores, permitindo-lhes competir em mercados mais amplos e acessar tecnologias e insumos de qualidade.

Com o crescimento urbano no Brasil, surgiram cooperativas em áreas como crédito, saúde, habitação e consumo. Essas novas formas de cooperativismo ganharam destaque por oferecer serviços a populações excluídas das redes convencionais.

As sociedades cooperativas no Brasil seguem os princípios do cooperativismo definidos pela Aliança Cooperativa Internacional (ACI), incluindo:

- **Adesão voluntária e livre:** os membros ingressam e saem por vontade própria.
- **Gestão democrática:** cada membro tem direito a um voto, independentemente do capital investido.
- **Participação econômica dos membros:** os resultados são distribuídos proporcionalmente à participação de cada cooperado.

- **Autonomia e independência:** as cooperativas são autônomas em suas decisões.
- **Educação, formação e informação:** promovem a capacitação dos cooperados e da comunidade.
- **Intercooperação:** cooperativas colaboram entre si para fortalecer o movimento cooperativista.
- **Compromisso com a comunidade:** as cooperativas buscam contribuir para o desenvolvimento sustentável.

> Segundo Oliveira (2015, p. 25), "os princípios do cooperativismo são pilares que diferenciam as cooperativas de outras formas de organização empresarial, promovendo valores éticos e democráticos".

De acordo com a Lei n. 5.764/1971, *sociedades cooperativas* são "sociedades de pessoas, com forma e natureza jurídica próprias, constituídas para prestar serviços a seus associados" (Brasil, 1971). Elas não têm finalidade lucrativa, mas podem gerar sobras, que são repartidas entre os cooperados. Também existem as cooperativas de trabalho (Lei n. 12.690/2012) e as cooperativas sociais (Lei n. 9.867/1999).

Para constituir uma sociedade cooperativa no Brasil, é necessário:

- reunir, no mínimo, 20 pessoas físicas ou jurídicas;
- elaborar e registrar o estatuto social, que deve incluir as normas de funcionamento da cooperativa;
- realizar uma Assembleia Geral de constituição;
- registrar a cooperativa na Junta Comercial do estado de sua sede.

A legislação brasileira permite classificar as cooperativas em diversas modalidades, de acordo com o ramo de atuação, incluindo:

- **Cooperativas de produção:** voltadas para a produção agrícola, industrial ou artesanal.
- **Cooperativas de trabalho:** organizam trabalhadores autônomos para prestar serviços.
- **Cooperativas de consumo:** proporcionam aos associados o acesso a bens de consumo a preços justos.
- **Cooperativas de crédito:** oferecem serviços financeiros aos cooperados.
- **Cooperativas de saúde:** prestam serviços médicos e hospitalares aos membros.

De acordo com Renato Lopes Becho (2019, p. 32), "a diversidade das modalidades de cooperativas no Brasil reflete a capacidade de adaptação do modelo cooperativista às necessidades econômicas e sociais".

A regulamentação e a estrutura organizacional das sociedades cooperativas no Brasil constituem um dos pilares fundamentais para sua existência e atuação. Nesta seção, analisaremos a base legal e os princípios norteadores das cooperativas, com foco na Lei n. 5.764/1971 e no papel da Constituição Federal de 1988, além de explorar as especificidades de sua governança e as características que diferenciam as cooperativas de outras entidades econômicas.

A Constituição Federal de 1988 consolidou a relevância das cooperativas no Brasil ao garantir seu reconhecimento jurídico e sua função social. No art. 174, § 2º, é estabelecido que o Estado deve apoiar e estimular o cooperativismo, reconhecendo-o como instrumento de desenvolvimento econômico e social.

Entre os avanços trazidos pela Constituição Federal, destacam-se:

- **Incentivos fiscais:** isenção de alguns tributos para as atividades cooperativas, como o Imposto sobre Operações Relativas à Circulação de Mercadorias e Prestação de Serviços (ICMS) em determinadas condições.
- **Autonomia administrativa:** garantia de que as cooperativas não sejam subordinadas a órgãos públicos, reforçando sua independência como entidades privadas.
- **Proteção jurídica:** reconhecimento das cooperativas como organizações de interesse coletivo, resguardando seus direitos no sistema jurídico brasileiro.

A Lei n. 5.764/1971 é o marco legal do cooperativismo brasileiro, regulamentando a organização, os direitos e os deveres das cooperativas. Essa legislação estabelece que as cooperativas são sociedades de pessoas com interesses econômicos e sociais comuns, que se associam de modo voluntário e democrático para realizar atividades econômicas em benefício dos associados.

A lei define pontos cruciais para o funcionamento das cooperativas, tais como:

- **Personalidade jurídica:** as cooperativas têm personalidade jurídica própria e são classificadas como sociedades de pessoas, não de capital.
- **Responsabilidade limitada:** a responsabilidade dos cooperados, salvo estipulação em contrário, é limitada ao valor das quotas-partes do capital social que subscreverem.
- **Democraticidade:** as decisões em cooperativas são tomadas com base no princípio "uma pessoa, um voto", independentemente do capital investido pelo associado.
- **Distribuição dos resultados:** os resultados financeiros são distribuídos proporcionalmente à participação econômica de cada cooperado na cooperativa, e não ao capital investido.

A estrutura organizacional das cooperativas no Brasil é fundamentada em princípios de governança participativa e transparência. Seus principais órgãos administrativos incluem:

- **Assembleia Geral**: é o órgão máximo de decisão, no qual todos os associados têm igual direito de participação e voto. Nela são decididas questões estratégicas, como a aprovação de contas, a eleição de dirigentes e a definição de políticas internas.
- **Conselho de Administração**: é o responsável pela gestão estratégica e administrativa da cooperativa. Seus membros são eleitos democraticamente pelos associados em Assembleia Geral.
- **Conselho Fiscal**: fiscaliza as contas e os atos administrativos, garantindo a transparência e a correta aplicação dos recursos da cooperativa.
- **Diretoria Executiva (quando aplicável)**: algumas cooperativas de maior porte contam com uma diretoria profissionalizada para a execução das atividades operacionais.

Cada cooperado tem direito a um voto nas decisões, independentemente de sua contribuição de capital. Isso assegura a igualdade entre os membros, promovendo a democracia interna.

As sobras, que equivalem ao lucro nas empresas tradicionais, são distribuídas proporcionalmente à participação econômica dos cooperados na cooperativa.

> Conforme Oliveira (2015, p. 29), "o modelo de governança das cooperativas promove a inclusão e a responsabilidade coletiva, reforçando o compromisso dos membros com os objetivos comuns".

Apesar de compartilharem aspectos econômicos, as cooperativas se distinguem significativamente de empresas tradicionais. Estas buscam maximizar o lucro para acionistas, e as cooperativas priorizam o benefício coletivo de seus membros.

Quadro 8.1 Comparativo entre cooperativas e empresas tradicionais

Aspecto	Cooperativa	Empresa tradicional
Objetivo principal	Benefício coletivo dos membros	Lucro para acionistas
Gestão	Democrática (1 associado = 1 voto)	Proporcional à participação no capital
Distribuição de resultados	Baseada na participação econômica dos membros	Proporcional às ações/cotas detidas
Foco social	Desenvolvimento comunitário	Lucro e expansão

Essa diferenciação torna o modelo cooperativo único e alinhado a objetivos de desenvolvimento social, especialmente em contextos de desigualdade e exclusão.

As cooperativas desempenham um papel crucial na economia brasileira, especialmente no setor agropecuário e no crédito. Elas promovem o desenvolvimento regional, geram empregos e contribuem para a redução das desigualdades sociais.

Segundo a Organização das Cooperativas Brasileiras (OCB), as cooperativas brasileiras representam cerca de 11% do PIB agropecuário do país. Ainda segundo a Organização das Cooperativas Brasileiras (OCB), as cooperativas empregam diretamente cerca de 500 mil pessoas e beneficiam milhões de associados. O setor agropecuário lidera em número de cooperativas e faturamento.

Além de seus benefícios econômicos, as cooperativas promovem a inclusão social, a educação e o desenvolvimento sustentável. Em muitas regiões, especialmente no interior, elas representam a única forma de organização econômica viável.

As sociedades cooperativas representam uma alternativa viável e sustentável ao modelo empresarial tradicional. No Brasil, elas são estratégicas no desenvolvimento econômico, ao mesmo tempo em que promovem valores como democracia, inclusão social e sustentabilidade.

Embora enfrentem desafios, como a burocracia e a competitividade, as cooperativas têm demonstrado resiliência e capacidade de adaptação. Seu fortalecimento passa pela modernização tecnológica, pelo apoio governamental e pela disseminação de seus princípios entre a população.

As sociedades cooperativas representam uma importante alternativa de organização econômica e social, promovendo a inclusão, a geração de renda e o desenvolvimento sustentável. Analisaremos o papel das cooperativas no Brasil, abordando sua origem histórica, fundamentos jurídicos, estrutura organizacional e impacto no desenvolvimento socioeconômico. Vamos também discutir os desafios enfrentados pelo setor e suas perspectivas futuras. O cooperativismo brasileiro, consolidado em diversos setores, como agropecuário, crédito e saúde, demonstra potencial significativo para contribuir com a redução das desigualdades sociais e o fortalecimento da economia local.

O cooperativismo tem potencial para expandir sua atuação, especialmente com o apoio de tecnologias digitais e políticas públicas voltadas à inclusão social. O uso de plataformas digitais para melhorar a gestão e a comunicação entre membros, bem como o fortalecimento de redes intercooperativas são caminhos promissores.

8.1 Cooperativas de trabalho

As cooperativas de trabalho constituem uma alternativa para a organização de trabalhadores, promovendo a geração de emprego e renda de modo autônomo e solidário. Analisaremos, aqui, a regulamentação vigente, os desafios enfrentados por essas cooperativas e seu impacto no mercado de trabalho, destacando o equilíbrio entre a autonomia dos cooperados e os direitos trabalhistas.

As cooperativas de trabalho surgem no contexto do Direito brasileiro como uma alternativa para a organização do trabalho, promovendo a inclusão social e a autonomia dos trabalhadores. Regidas por princípios cooperativistas, essas entidades têm como objetivo principal unir esforços para atender às necessidades econômicas, sociais e profissionais de seus membros.

A regulamentação das cooperativas de trabalho é um reflexo da tentativa de equilibrar dois aspectos fundamentais: o incentivo à organização coletiva e a proteção dos direitos trabalhistas. A partir de 2012, com a promulgação da Lei n. 12.690, o legislador buscou estabelecer diretrizes claras para a constituição e o funcionamento dessas cooperativas, coibindo práticas fraudulentas e assegurando o respeito aos princípios do cooperativismo.

As cooperativas de trabalho são definidas pela Lei n. 12.690/2012 como sociedades constituídas por trabalhadores para a prestação de serviços por conta própria, baseando-se na autogestão e na distribuição equitativa dos resultados. Segundo o art. 3º dessa lei, essas cooperativas têm como finalidade garantir aos cooperados melhores condições de trabalho, renda e acesso à segurança social.

A natureza jurídica das cooperativas de trabalho é híbrida, combinando elementos de associação e empresa. Elas não visam ao lucro, mas à prestação de serviços pelos próprios cooperados, sendo o resultado econômico repartido de acordo com a contribuição de cada um. Diferentemente das empresas tradicionais, não existe a relação de subordinação entre a cooperativa e seus membros, característica essencial para a configuração da autonomia dos cooperados.

> Paulo Renato Silva (2019, p. 117) esclarece que "A ausência de vínculo empregatício é uma das principais peculiaridades das cooperativas de trabalho, preservando sua essência como sociedades de pessoas".

A promulgação da Lei n. 12.690/2012 representou um marco para as cooperativas de trabalho no Brasil, estabelecendo um regramento específico que visa tanto à promoção do cooperativismo quanto à proteção contra fraudes. Os principais aspectos da lei incluem:

- **Princípios fundamentais:** a lei reforça os princípios cooperativistas, como adesão voluntária, gestão democrática e autonomia econômica.
- **Direitos dos cooperados:** garantia de remuneração mínima, jornada de trabalho limitada e condições seguras de trabalho.
- **Proibição de fraudes:** restrições quanto ao uso das cooperativas para burlar a legislação trabalhista ou tributária.

As cooperativas de trabalho não se submetem diretamente à CLT, uma vez que os cooperados não têm vínculo empregatício. No entanto, a legislação estabelece garantias mínimas, como remuneração condizente com o trabalho realizado e a preservação da dignidade dos cooperados.

As cooperativas de trabalho seguem os princípios gerais do cooperativismo, conforme definidos pela Aliança Cooperativa Internacional (ACI) e reforçados pela legislação brasileira. Entre eles, destacam-se:

- **Adesão voluntária e livre:** a participação nas cooperativas é aberta a todos que desejam usufruir de seus serviços e assumam as responsabilidades de um cooperado.
- **Gestão democrática:** a administração é exercida de modo democrático, com a participação igualitária dos cooperados nas decisões.
- **Participação econômica:** os resultados financeiros são distribuídos proporcionalmente ao trabalho realizado por cada membro.
- **Educação e formação:** o foco na capacitação dos cooperados é essencial para garantir o funcionamento eficiente da cooperativa.

As cooperativas de trabalho desempenham um papel crucial na inclusão de trabalhadores que encontram barreiras para ingressar no mercado formal. Elas possibilitam que indivíduos exerçam suas atividades de maneira autônoma, promovendo a redistribuição de renda e a criação de oportunidades em setores menos explorados.

Ao formalizar atividades que antes eram realizadas de modo informal, as cooperativas de trabalho contribuem para a ampliação da base de arrecadação tributária e para a garantia de direitos básicos aos cooperados.

Um dos maiores desafios das cooperativas de trabalho é evitar que sejam utilizadas como instrumento de precarização das relações de trabalho. A criação de "falsas cooperativas" para intermediar mão de obra subordinada é uma prática que prejudica tanto os trabalhadores quanto o setor cooperativista como um todo.

As cooperativas de trabalho constituem um modelo essencial para a organização autônoma e solidária de trabalhadores no Brasil. Apesar dos desafios, como a precarização e a concorrência com empresas tradicionais, essas entidades apresentam um enorme potencial para promover a inclusão social e o desenvolvimento econômico. É necessário que o Estado, por meio de políticas públicas e fiscalização, incentive o fortalecimento do cooperativismo, preservando sua essência democrática e solidária.

8.2 Cooperativas sociais

As cooperativas sociais, previstas no ordenamento jurídico brasileiro, constituem uma forma de organização voltada para a inclusão social e econômica de pessoas em situação de vulnerabilidade. As cooperativas sociais representam uma inovação no campo do cooperativismo, com foco específico na inclusão social de indivíduos em situação de vulnerabilidade. No Brasil, essas organizações são regulamentadas pela Lei n. 9.867, de 10 de novembro de 1999, e desempenham um papel estratégico ao promoverem a inserção de pessoas excluídas do mercado de trabalho formal, como portadores de deficiência, egressos do sistema prisional, dependentes químicos em recuperação e outros grupos marginalizados.

De acordo com o art. 1º da Lei n. 9.867/1999, as cooperativas sociais têm como objetivo principal a organização e o atendimento de pessoas em situação de exclusão social por meio de atividades que promovam sua integração ao mercado de trabalho e à sociedade.

As cooperativas sociais são regidas por princípios universais do cooperativismo, adaptados ao seu caráter social. Entre os mais relevantes estão:

- **Adesão livre e voluntária:** a associação é aberta a todos os que compartilham do propósito inclusivo da cooperativa.
- **Gestão democrática:** a administração é realizada com a participação direta dos cooperados.
- **Interesse pela comunidade:** o foco no bem-estar social é prioritário, buscando a transformação das realidades locais.

Além disso, o art. 3º da referida lei prevê que essas cooperativas podem receber incentivos governamentais e apoio técnico, reconhecendo seu papel como entidades de utilidade pública.

A constituição de uma cooperativa social no Brasil requer o cumprimento de requisitos estabelecidos pela Lei n. 9.867/1999 e pela Lei n. 5.764/1971, que regula o cooperativismo em geral. Os principais passos incluem:

- **Elaboração do estatuto social**: documento que estabelece as regras de funcionamento e os objetivos da cooperativa.
- **Assembleia Geral de fundação**: reunião para formalizar a criação da cooperativa e eleger os membros dos órgãos administrativos.
- **Registro na Junta Comercial**: é obrigatório para garantir a personalidade jurídica da cooperativa.

A estrutura organizacional das cooperativas sociais inclui, no mínimo:

- **Assembleia Geral**: órgão máximo de decisão, composto por todos os cooperados.
- **Conselho de Administração**: responsável pela gestão estratégica.
- **Conselho Fiscal**: fiscaliza as contas e a gestão da cooperativa.

As cooperativas sociais são instrumentos eficazes para inserir grupos marginalizados no mercado de trabalho, promovendo a dignidade e a autonomia desses indivíduos.

Por meio da organização coletiva, essas cooperativas contribuem para reduzir a desigualdade social e combater a exclusão, promovendo a inclusão de grupos frequentemente negligenciados pelas políticas públicas tradicionais.

As cooperativas sociais frequentemente atuam em comunidades carentes, fomentando o desenvolvimento local por meio da geração de emprego, renda e serviços que atendam às necessidades da população.

Um dos principais desafios enfrentados pelas cooperativas sociais é o acesso a recursos financeiros. Embora a legislação preveja incentivos fiscais e apoio governamental, na prática, muitas dessas entidades enfrentam dificuldades para obter financiamento e apoio técnico.

Os cooperados, muitas vezes, enfrentam preconceitos associados às suas condições sociais, como ser um egresso prisional ou uma pessoa com deficiência. Esse estigma dificulta a inserção plena no mercado de trabalho e a aceitação por parte da sociedade.

A constituição e manutenção das cooperativas sociais envolvem processos burocráticos complexos, o que pode desestimular a criação de novas entidades e limitar o alcance das já existentes.

Outro problema relevante é a fiscalização insuficiente para coibir práticas fraudulentas, como o uso indevido do modelo cooperativista para mascarar relações de emprego subordinado ou para burlar as legislações trabalhista e tributária.

Para que as cooperativas sociais alcancem todo o seu potencial, é necessário:

- **Ampliação de políticas públicas**: maior incentivo governamental, por meio de programas de financiamento e capacitação.
- **Parcerias com o setor privado**: fomentar colaborações entre cooperativas sociais e empresas privadas.
- **Educação cooperativista**: investir na formação dos cooperados e na conscientização da sociedade sobre a importância dessas entidades.

As cooperativas sociais são de grande relevância no Brasil, promovendo a inclusão de pessoas em situação de vulnerabilidade e contribuindo para o desenvolvimento social e econômico do país. Apesar dos desafios, como a falta de recursos e a burocracia, essas organizações representam uma alternativa viável para o combate à exclusão social. O fortalecimento do modelo de cooperativas sociais depende de esforços conjuntos entre Estado, sociedade civil e iniciativa privada, de modo a garantir sua sustentabilidade e ampliação.

8.3 Cooperativas de crédito

As cooperativas de crédito desempenham um papel fundamental no sistema financeiro brasileiro, sendo um importante instrumento de inclusão financeira e desenvolvimento econômico. Diferentemente das instituições bancárias tradicionais, as cooperativas são organizações sem fins lucrativos que buscam atender às necessidades financeiras de seus associados, promovendo princípios de autogestão, solidariedade e mutualismo.

As primeiras cooperativas de crédito no Brasil surgiram no final do século XIX, influenciadas pelo modelo alemão de Friedrich Wilhelm Raiffeisen. Em 1902, foi fundada a primeira cooperativa de crédito brasileira, a Caixa Rural de Nova Petrópolis, no Rio Grande do Sul, por colonos alemães. Desde então, o movimento cooperativista cresceu e se diversificou, alcançando diferentes regiões e setores da economia.

As cooperativas de crédito têm uma estrutura organizacional que difere significativamente das instituições financeiras tradicionais. Entre suas principais características estão:

- **Propriedade compartilhada**: cada associado é coproprietário da cooperativa, com direito a voto nas assembleias, independentemente do valor de suas quotas-partes.
- **Foco no associado**: o objetivo principal é atender às necessidades financeiras dos membros, e não maximizar o lucro.

- **Distribuição dos resultados**: os resultados financeiros positivos são distribuídos entre os associados, proporcionalmente às suas operações com a cooperativa.
- **Princípios cooperativistas**: governam a atuação das cooperativas, incluindo adesão voluntária e livre, gestão democrática, educação e formação, entre outros.

As cooperativas de crédito têm ganhado destaque no Brasil como uma alternativa às instituições bancárias convencionais. Com uma presença significativa em regiões remotas e rurais, essas organizações facilitam o acesso a serviços financeiros para populações que, muitas vezes, estão à margem do sistema bancário tradicional. Segundo dados do Banco Central, os números de cooperativas e de associados crescem continuamente, refletindo a confiança da população nesse modelo.

No Brasil, as cooperativas de crédito são reguladas pelo Banco Central (Bacen), que estabelece normas específicas para assegurar a estabilidade e a segurança do sistema. A legislação aplicável inclui a Lei Complementar n. 130/2009, que dispõe sobre o Sistema Nacional de Crédito Cooperativo (SNCC), e resoluções do Conselho Monetário Nacional (CMN). Essa supervisão garante que as cooperativas operem de modo transparente e eficiente, protegendo os interesses de seus associados.

A legislação brasileira contempla diversos dispositivos legais que regulamentam as atividades das cooperativas de crédito. Entre os principais instrumentos normativos estão:

- **Lei Complementar n. 130/2009**: estabelece os princípios básicos e a estrutura do Sistema Nacional de Crédito Cooperativo (SNCC), definindo direitos e deveres das cooperativas e seus associados.
- **Lei n. 5.764/1971**: dispõe sobre a Política Nacional de Cooperativismo e regula as sociedades cooperativas em geral.
- **Resoluções do Conselho Monetário Nacional (CMN)**: estabelecem normas específicas sobre o funcionamento das cooperativas de crédito, incluindo requisitos de capitalização, governança e limites operacionais.
- **Circulares do Banco Central**: definem diretrizes técnicas e procedimentos específicos para as cooperativas, como padronização contábil e auditoria.

Essa base legal busca equilibrar a flexibilidade necessária para o crescimento do setor com a proteção do sistema financeiro e dos associados.

O setor de cooperativas de crédito no Brasil apresenta grande potencial de crescimento, impulsionado por fatores como o aumento da digitalização, a busca por alternativas mais justas e inclusivas e o fortalecimento do cooperativismo como um todo. No entanto, para explorar plenamente essas oportunidades, é essencial superar os desafios existentes e investir continuamente em inovação e educação.

As cooperativas de crédito têm se consolidado como um pilar importante do sistema financeiro brasileiro, oferecendo soluções que promovem a inclusão e o desenvolvimento econômico. Ao adotar princípios de solidariedade e democracia, essas organizações demonstram que é possível combinar sustentabilidade financeira com impacto social positivo. O fortalecimento do setor depende de um esforço conjunto entre reguladores, cooperativas e a sociedade em geral.

Capítulo 9

Microempresas e empresas de pequeno porte no Direito brasileiro

As microempresas (MEs) e empresas de pequeno porte (EPPs) exercem um papel central no desenvolvimento econômico e social do Brasil. Regulamentadas pela Lei Complementar n. 123/2006, elas são beneficiadas por um regime jurídico específico que visa simplificar suas obrigações administrativas e tributárias, promovendo sua sustentabilidade e competitividade. Elas representam um dos principais motores da economia nacional, sendo fundamentais para a geração de emprego e renda.

O conceito de microempresa é relativamente recente no Brasil, tendo se originado como resposta à necessidade de incluir pequenos empreendimentos no ambiente econômico formal, ao mesmo tempo em que reconhece suas limitações financeiras e estruturais. O Brasil, como uma economia emergente, tem uma alta taxa de empreendedores, muitos dos quais iniciam suas atividades em pequena escala e enfrentam dificuldades para competir em mercados dominados por grandes empresas.

A importância das microempresas para o desenvolvimento econômico está amplamente documentada. Elas representam cerca de 90% das empresas brasileiras e são responsáveis por mais de 50% dos empregos formais. Além disso, ao promoverem a inclusão econômica de pequenos empreendedores, as microempresas contribuem para a redução da desigualdade social e o fortalecimento das economias locais.

No entanto, as microempresas enfrentam desafios significativos, como burocracia, acesso limitado a crédito e dificuldades para se adaptarem às rápidas mudanças tecnológicas e às exigências de um mercado globalizado. Exploraremos, neste capítulo, a regulamentação jurídica das microempresas no Brasil, sua relevância econômica e os principais obstáculos para seu desenvolvimento sustentável.

A importância das microempresas está associada à sua capilaridade, ou seja, à presença significativa em todas as regiões do país, incluindo aquelas economicamente menos desenvolvidas. Segundo o Sebrae (2024), microempresas correspondem a aproximadamente 90% do total de empresas formais no Brasil e empregam mais de 50% da força de trabalho formal.

Por outro lado, essas empresas enfrentam dificuldades que vão desde a burocracia residual até a escassez de crédito. A legislação brasileira, por meio da Lei Complementar n. 123/2006, busca mitigar essas dificuldades, oferecendo um regime jurídico simplificado que favorece sua formalização e operação.

A definição de microempresa no Brasil é estabelecida pela Lei Complementar n. 123/2006, que classifica como ME aquelas que possuem receita bruta anual igual ou inferior a R$ 360.000,00.

Esse critério é objetivo e visa evitar ambiguidades, permitindo uma identificação clara das empresas que podem usufruir do regime jurídico diferenciado. Além disso, é importante observar que esse limite é atualizado periodicamente, considerando fatores econômicos como inflação e mudanças na dinâmica do mercado.

Embora tanto as MEs quanto as EPPs sejam abrangidas pelo Estatuto Nacional da Microempresa e Empresa de Pequeno Porte, a principal diferença reside no limite de receita bruta anual:

- ME: receita bruta anual de até R$ 360.000,00;
- EPP: receita bruta anual entre R$ 360.000,01 e R$ 4.800.000,00.

Essa distinção é relevante porque alguns benefícios legais e tributários são mais vantajosos para as microempresas, dada sua menor capacidade econômica.

As microempresas podem ser constituídas em diferentes formas jurídicas, de acordo com as necessidades do empreendedor e a natureza da atividade econômica. As principais modalidades são:

- **Empresário individual**: configura-se quando uma pessoa física exerce atividade empresarial de modo individual, assumindo integralmente os riscos do negócio.
- **Sociedade limitada unipessoal (SLU)**: permite que o empreendedor tenha responsabilidade limitada ao capital social, protegendo seu patrimônio pessoal.
- **Sociedade limitada (Ltda.)**: permite a constituição de microempresas por dois ou mais sócios, sendo o patrimônio da empresa separado do patrimônio pessoal dos sócios.
- **Sociedade simples**: adequada para atividades de prestação de serviços intelectuais, como consultorias.

9.1 Princípios

A Constituição Federal de 1988, no art. 170, inciso IX, estabelece o **tratamento jurídico diferenciado** para MEs e EPPs, reconhecendo sua importância para a economia nacional. Esse princípio fundamenta a criação de um arcabouço normativo que busca promover a competitividade e sustentabilidade dessas empresas.

O Estatuto Nacional da Microempresa e Empresa de Pequeno Porte concretiza o **princípio da simplificação** ao reduzir a burocracia e os custos associados ao cumprimento das obrigações legais. Exemplos incluem:

- **Cadastro Nacional Simplificado**: unifica as informações em um único registro.
- **Desburocratização tributária**: unificação de impostos por meio do Simples Nacional.

As microempresas são protegidas contra práticas abusivas, como concorrência desleal e excesso de burocracia. O **princípio da proteção** visa criar um ambiente de negócios mais equilibrado, em que pequenas empresas possam competir de maneira justa.

Para Maria Helena Gonçalves (2020, p. 40), "A proteção às microempresas não é apenas uma questão econômica, mas também social, considerando o papel dessas empresas na redução das desigualdades regionais e no combate à pobreza".

9.2 Regime tributário simplificado

O Simples Nacional é um regime tributário exclusivo para microempresas e empresas de pequeno porte. Ele unifica oito tributos em uma única guia de recolhimento, abrangendo impostos federais, estaduais e municipais, como:

- IRPJ: Imposto de Renda Pessoa Jurídica;
- CSLL: Contribuição Social sobre o Lucro Líquido;
- PIS/PASEP: Programa de Integração Social;
- ICMS: Imposto sobre Circulação de Mercadorias e Serviços.

9.3 Desenquadramento como microempresa

O desenquadramento de uma empresa como microempresa ocorre quando esta deixa de atender aos requisitos estabelecidos pela Lei Complementar n. 123/2006. As principais razões para o desenquadramento incluem:

- **Excesso de receita bruta**: caso a empresa ultrapasse o limite anual de R$ 360.000,00, ela será reclassificada como EPP ou outra categoria, conforme o montante de sua receita.

- **Exercício de atividades vedadas**: determinadas atividades econômicas não são permitidas no regime de microempresa, como algumas relacionadas ao setor financeiro.
- **Opção ou exclusão do Simples Nacional**: caso a empresa não opte ou seja excluída do Simples Nacional por inadimplência ou descumprimento de obrigações, poderá perder os benefícios tributários.

As principais consequências do desenquadramento são:

- **Mudança no regime tributário**: a empresa passará a ser tributada pelo Lucro Presumido ou Lucro Real, dependendo de sua situação econômica.
- **Aumento da carga tributária**: a perda do Simples Nacional pode resultar em alíquotas mais elevadas e maior complexidade no cumprimento das obrigações acessórias.
- **Impacto na estrutura administrativa**: exige maior capacidade de gestão financeira e contábil para lidar com as novas obrigações.

As empresas desenquadradas devem regularizar sua situação junto aos órgãos competentes, atualizando seu cadastro e adotando as práticas contábeis e fiscais exigidas pelo novo regime.

9.4 Particularidades das empresas de pequeno porte

As EPPs são responsáveis por significativa geração de empregos e pelo fortalecimento da economia local. Como exemplos de setores econômicos com predominância de EPP, citam-se: comércio, serviços e pequenas indústrias. De acordo com o Sebrae, as EPPs respondem por:

- 99% das empresas ativas no Brasil;
- 30% do PIB nacional;
- mais de 70% dos empregos formais.

Alguns pontos relevantes sobre as EPPs são:

- Discussão sobre a padronização das regras fiscais, previdenciárias e trabalhistas aplicáveis às EPP em âmbito nacional.
- Reflexão sobre a capacidade dessas empresas de promover inclusão econômica em regiões periféricas e cidades menores.
- Reflexão sobre os entraves ainda existentes, como a dificuldade de pequenas empresas em cumprir exigências digitais em regiões menos desenvolvidas.

O Simples Nacional, previsto na Lei Complementar n. 123/2006, consolidou uma série de tributos em uma única guia de recolhimento, facilitando o cumprimento das obrigações fiscais. Trata-se de um sistema de tributação que unifica vários tributos em uma única guia de recolhimento, como:

- Imposto de Renda da Pessoa Jurídica (IRPJ);
- Contribuição Social sobre o Lucro Líquido (CSLL);
- Programa de Integração Social (PIS);
- Contribuição para o Financiamento da Seguridade Social (Cofins);
- Imposto sobre Produtos Industrializados (IPI);
- Imposto sobre Circulação de Mercadorias e Serviços (ICMS);
- Imposto sobre Serviços (ISS).

A desburocratização é um pilar fundamental do Simples Nacional. As EPPs têm acesso a:

- guias unificadas de pagamento;
- dispensa de algumas exigências acessórias, como entrega de múltiplas declarações fiscais.

A legislação brasileira reserva cotas de contratação para EPPs em licitações públicas, promovendo sua participação no mercado estatal:

- regras do desempate ficto, previstas na Lei de Licitações;
- impacto da Nova Lei de Licitações (Lei n. 14.133/2021), que ampliou a preferência para as EPPs em contratos públicos;
- discussão sobre a relevância dessa preferência para promover a competitividade de pequenas empresas.

Do ponto de vista trabalhista, as EPPs também contam com algumas flexibilidades. A legislação permite, por exemplo, a substituição de determinadas obrigações acessórias por mecanismos simplificados, como a não obrigatoriedade de instituição de Comissão Interna de Prevenção de Acidentes (Cipa) em situações específicas. Essas flexibilidades buscam reduzir a burocracia e facilitar a gestão administrativa, embora não eximam as empresas de cumprir com os direitos básicos dos trabalhadores, como pagamento de salários e recolhimento de encargos sociais.

Outro aspecto relevante é o acesso ao crédito. As EPPs enfrentam, historicamente, dificuldades para obter financiamento junto às instituições financeiras. Para mitigar esse problema, foram criados programas como o Pronampe (Programa Nacional de Apoio às Microempresas e Empresas de Pequeno Porte), que oferece linhas de crédito com condições diferenciadas e taxas de juros reduzidas.

Portanto, o tratamento jurídico das EPPs no Brasil reflete a busca por um equilíbrio entre o incentivo ao empreendedorismo e a necessidade de fiscalização e controle. Embora existam desafios significativos, o arcabouço jurídico vigente oferece um conjunto de instrumentos que, se devidamente utilizados, podem contribuir para o fortalecimento desse segmento empresarial. Assim, o Direito brasileiro reafirma seu compromisso com a promoção do desenvolvimento econômico e social, reconhecendo o papel central das EPPs na construção de um país mais próspero e equitativo.

Outro benefício importante garantido às EPPs é o direito a um tratamento diferenciado em relação à exportação de bens e serviços. A Lei Complementar n. 123/2006 prevê medidas para simplificar o acesso dessas empresas ao mercado internacional, reduzindo barreiras administrativas e tributárias. Essa abordagem visa fortalecer a competitividade das EPPs em um cenário globalizado.

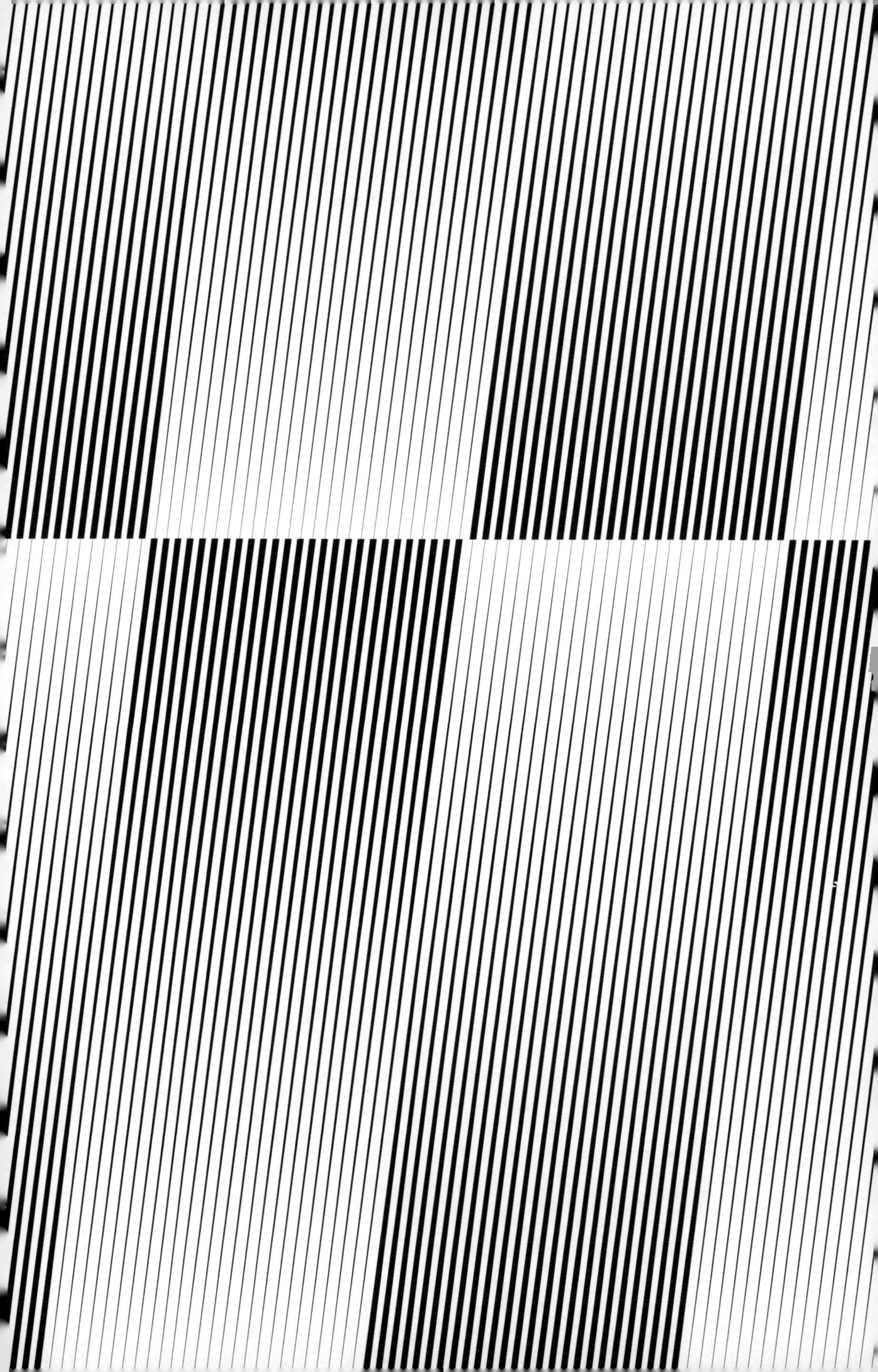

Capítulo 10
Relações societárias no Direito brasileiro

As relações societárias no Direito brasileiro são regidas por um complexo conjunto normativo que abrange o Código Civil (Lei n. 10.406/2002), a Lei das Sociedades por Ações (Lei n. 6.404/1976) e legislações complementares. O arcabouço jurídico dessas relações tem como objetivo disciplinar os direitos e deveres dos sócios e acionistas, bem como os mecanismos de funcionamento das sociedades empresárias.

No Brasil, as sociedades podem ser classificadas, essencialmente, em sociedades simples e empresárias. As primeiras são disciplinadas pelo Código Civil e destinam-se a atividades sem cunho empresarial. Já as sociedades empresárias têm sua regulação baseada na busca pela eficiência econômica e na geração de riqueza, sendo submetidas a um regime jurídico mais rigoroso.

Entre as sociedades empresárias, destacam-se as sociedades limitadas e as sociedades por ações. A sociedade limitada é regida pelos arts. 1.052 a 1.087 do Código Civil e apresenta como característica principal a responsabilidade limitada dos sócios ao montante do capital social subscrito. Por sua vez, a sociedade por ações, regulada pela Lei n. 6.404/1976, apresenta um modelo mais estruturado de governança corporativa, possibilitando maior captação de recursos e ampla divisão do capital em ações.

As relações entre os sócios e acionistas envolvem aspectos como direitos patrimoniais, direito de voto e mecanismos de resolução de conflitos. Um ponto fundamental é a estipulação de regras no contrato social ou estatuto da sociedade, prevendo formas de deliberação e proteção dos minoritários. Ademais, o princípio da função social da empresa, previsto na legislação brasileira, impõe que as atividades empresariais sejam conduzidas de modo a promover o desenvolvimento econômico e social.

Os desafios das relações societárias no Brasil incluem questões relativas à proteção dos interesses dos minoritários, transparência na gestão, *compliance* e responsabilidade dos administradores. A evolução do Direito Societário brasileiro tem buscado alinhar-se às melhores práticas internacionais, promovendo maior segurança jurídica e previsibilidade para os agentes econômicos.

Dessa forma, o estudo das relações societárias no Brasil exige uma análise multidisciplinar, englobando aspectos jurídicos, econômicos e administrativos, com vistas a garantir um ambiente de negócios equilibrado e eficiente.

10.1 Empresas subsidiárias

As empresas subsidiárias configuram uma categoria societária que apresenta peculiaridades no contexto do Direito Empresarial brasileiro. São sociedades controladas por outra empresa, denominada *controladora*, que detém, em regra, a maioria do capital social ou das ações com direito a voto. Essa relação está fundamentada no art. 243, §2º, da Lei n. 6.404/1976 (Lei das Sociedades por Ações), que define o controle como a posse de direitos que assegurem, de maneira permanente, a preponderância nas deliberações sociais e o poder de eleger a maioria dos administradores da sociedade controlada.

Apesar de serem dotadas de personalidade jurídica própria, as subsidiárias estão integradas economicamente ao grupo empresarial ao qual pertencem. Essa dualidade – independência jurídica e subordinação econômica – gera debates doutrinários sobre os limites dessa autonomia. Para Coelho (2023b, p. 224), "as subsidiárias são instrumentos estratégicos que permitem às controladoras diversificar suas atividades e operar em diferentes mercados, mantendo, no entanto, o controle sobre as operações por meio da centralização das decisões essenciais".

Um ponto relevante na análise das subsidiárias é a distinção jurídica entre essas e as filiais. As subsidiárias têm personalidade jurídica e patrimônio próprios, sendo constituídas como sociedades autônomas, e as filiais são meras extensões da sociedade controladora, sem autonomia jurídica. Essa diferença é crucial para determinar a responsabilidade jurídica e econômica decorrente das atividades desenvolvidas por essas entidades.

A utilização de subsidiárias, especialmente no contexto de grupos econômicos, é amplamente difundida em conglomerados nacionais e internacionais. No Brasil, grandes corporações, como bancos e empresas do setor de energia, utilizam subsidiárias para operar em nichos específicos, segmentar riscos ou atender a demandas regulatórias.

O regime jurídico das subsidiárias no Brasil está centrado na Lei das Sociedades por Ações (Lei n. 6.404/1976) e no Código Civil de 2002, que regula as sociedades limitadas. No caso das subsidiárias constituídas como sociedades anônimas, o controle acionário é exercido pela controladora por meio da propriedade majoritária das ações com direito a voto. Já nas sociedades limitadas, a controladora detém a maioria das quotas representativas do capital social.

A legislação prevê diferentes mecanismos para o exercício do controle. Além da posse direta da maioria do capital, a controladora pode firmar acordos de acionistas ou contratos que assegurem sua preponderância nas deliberações sociais da subsidiária. Essa estrutura jurídica proporciona flexibilidade às empresas para adaptar suas operações às exigências de mercado, ao mesmo tempo em que preserva a segurança jurídica para os investidores e acionistas minoritários.

Outro aspecto relevante do regime jurídico das subsidiárias é a questão da responsabilidade da controladora. Em regra, a autonomia patrimonial da subsidiária limita a responsabilidade da controladora às suas participações societárias, resguardando os ativos da empresa controladora de eventuais dívidas contraídas pela subsidiária. Contudo, o ordenamento jurídico brasileiro admite exceções a essa regra, como nos casos de abuso de poder econômico, desvio de finalidade ou confusão patrimonial, situações que justificam a desconsideração da personalidade jurídica com base no art. 50 do Código Civil.

A jurisprudência exerce papel crucial na interpretação e aplicação dessas normas. Tribunais brasileiros têm reconhecido a responsabilidade solidária da controladora em situações em que a subsidiária atua como mera extensão de sua vontade, violando o princípio da autonomia patrimonial. Esses precedentes reforçam a necessidade de uma gestão ética e transparente nas relações entre controladora e subsidiária.

As empresas subsidiárias oferecem uma série de vantagens para as controladoras, especialmente no que diz respeito à gestão de riscos e à expansão estratégica. A possibilidade de limitar a responsabilidade patrimonial às operações da subsidiária permite que a controladora desenvolva atividades em mercados novos ou de alto risco sem comprometer seu patrimônio principal. Esse benefício é amplamente explorado por empresas multinacionais que estabelecem subsidiárias em diferentes países para atender às particularidades regulatórias e culturais de cada região.

Além disso, as subsidiárias facilitam a diversificação das atividades empresariais, permitindo que a controladora atue em setores distintos por meio de entidades específicas. Essa estratégia é particularmente relevante em mercados regulados, nos quais as subsidiárias podem ser criadas para atender às exigências de agências reguladoras ou de legislações específicas.

Por outro lado, a criação e gestão de subsidiárias apresentam desafios significativos, tanto do ponto de vista jurídico quanto operacional. Um dos principais problemas é o risco de conflitos de interesse entre a controladora e a subsidiária, especialmente quando esta última têm outros acionistas ou quotistas. A governança corporativa desempenha um papel fundamental na mitigação desses conflitos, sendo essencial a adoção de políticas claras de *compliance* e mecanismos eficazes de fiscalização.

Outro desafio relevante é o impacto da legislação trabalhista e fiscal nas operações das subsidiárias. No Brasil, a Consolidação das Leis do Trabalho (CLT) prevê a responsabilidade solidária entre empresas integrantes de um mesmo grupo econômico, o que pode resultar na responsabilização da controladora por débitos trabalhistas da subsidiária. Além disso, a complexidade do sistema tributário brasileiro exige uma gestão cuidadosa para evitar contingências fiscais que possam comprometer a viabilidade das operações.

No âmbito dos grupos econômicos, as subsidiárias desempenham um papel central na estruturação e na operação de conglomerados empresariais. Os grupos econômicos podem ser classificados como de fato, quando as relações de controle não são formalmente reconhecidas, ou de direito, quando o controle é claramente estabelecido por meio de participações societárias.

As subsidiárias permitem às controladoras concentrar sua atuação em atividades estratégicas, delegando a execução de operações específicas a entidades subordinadas. Essa prática é comum em setores como o bancário, o industrial e o tecnológico, em que a segmentação das atividades é essencial para a eficiência operacional.

No entanto, a integração econômica entre as empresas do grupo pode gerar implicações jurídicas complexas. A legislação trabalhista brasileira, por exemplo, estabelece a responsabilidade solidária entre empresas de um mesmo grupo econômico, independentemente de haver controle direto. Essa regra tem sido amplamente aplicada pela Justiça do Trabalho em casos envolvendo passivos trabalhistas.

10.1.1 Subsidiárias no setor público

As subsidiárias também são relevantes no setor público, especialmente no contexto de empresas estatais. A Lei n. 13.303/2016, conhecida como Lei das Estatais, estabelece regras específicas para a criação e a gestão de subsidiárias por empresas públicas e sociedades de economia mista. Essas entidades são frequentemente utilizadas para atuar em áreas estratégicas ou desenvolver projetos específicos que demandam maior flexibilidade operacional.

Um exemplo notório é o caso da Petrobras, que utiliza subsidiárias para explorar e desenvolver atividades no setor de petróleo e gás. No entanto, a gestão dessas subsidiárias exige atenção especial à governança corporativa e à transparência, para evitar problemas relacionados à corrupção e à má administração, como os revelados pela Operação Lava Jato.

O regime jurídico das empresas subsidiárias no Brasil reflete uma tentativa de equilibrar a autonomia patrimonial dessas entidades com a responsabilidade das controladoras. Embora a legislação ofereça mecanismos para proteger a independência das subsidiárias, desafios relacionados à governança corporativa, ao *compliance* e à integração econômica continuam a exigir atenção. O aprofundamento dessas questões, tanto na doutrina quanto na jurisprudência, é essencial para garantir a eficiência e a segurança jurídica das operações realizadas por subsidiárias.

10.2 Controle de empresas

O controle de empresas no direito brasileiro constitui um dos pilares centrais da estrutura societária, sendo essencial para compreender as relações de poder que permeiam a governança corporativa. Ele reflete a capacidade de um ou mais indivíduos ou entidades de determinar a condução estratégica da empresa, influenciando diretamente suas operações, políticas e decisões. Essa posição de controle, embora regulada pela legislação, levanta questões complexas envolvendo a proteção de minoritários, a eficiência econômica e os princípios éticos que devem reger a atividade empresarial.

A legislação brasileira, especialmente a Lei n. 6.404/1976 (Lei das Sociedades por Ações), define e regula o controle societário, estabelecendo parâmetros para sua identificação e delimitando os direitos e obrigações do controlador. Além disso, o Código Civil de 2002 e outras normas específicas, como a Lei n. 12.529/2011, que regula a defesa da concorrência, oferecem complementos relevantes para a análise das relações de controle no âmbito empresarial. Esses instrumentos legais convergem para assegurar a estabilidade das empresas e a proteção de seus *stakeholders*, promovendo um ambiente de negócios mais transparente e equilibrado.

No Direito Societário brasileiro, o conceito de controle é fundamental para distinguir os papéis de acionistas majoritários e minoritários, bem como para estabelecer as responsabilidades decorrentes do exercício desse poder. O art. 116 da Lei n. 6.404/1976 define como *controlador* o acionista ou grupo de acionistas que, direta ou indiretamente, detém direitos suficientes para garantir a preponderância nas deliberações sociais e o poder de eleger a maioria dos administradores. Essa definição abrange, portanto, tanto o controle direto, exercido por meio da posse majoritária de ações, quanto o controle indireto, obtido por meio de acordos de acionistas ou outras estruturas jurídicas.

O poder de controle não se limita à titularidade de ações com direito a voto. Ele também pode ser exercido por meio de instrumentos como acordos de voto, que organizam blocos de controle, ou ainda por meio da concentração de direitos preferenciais de veto, presentes em estatutos sociais. Conforme ensina Fábio Ulhoa Coelho (2021, p. 112), "o controle societário é mais do que uma posição de maioria acionária; trata-se de uma prerrogativa de comando, que deve ser exercida com base nos interesses da sociedade, respeitando os limites impostos pela função social da empresa". Assim, o controlador assume um papel estratégico na definição dos objetivos empresariais, mas também uma responsabilidade acentuada perante os demais acionistas, empregados, credores e a sociedade em geral.

No Brasil, o controle societário assume particular importância em razão da prevalência do modelo de controle concentrado. Em contraste com sistemas como o anglo-saxão, nos quais o controle pulverizado é predominante, as empresas brasileiras frequentemente apresentam acionistas majoritários ou blocos de controle bem definidos. Esse modelo proporciona estabilidade às companhias, permitindo uma condução mais coordenada de suas atividades. Contudo, também acarreta desafios, como o risco de abuso de poder por parte dos controladores, em detrimento dos minoritários.

As modalidades de controle societário no Direito brasileiro podem ser classificadas em controle majoritário, minoritário e compartilhado, cada qual com características específicas e implicações distintas para a governança corporativa.

No modelo de **controle majoritário**, o poder de decisão é concentrado em um acionista ou grupo que detém a maioria das ações ordinárias. Essa forma de controle é particularmente comum em empresas familiares e sociedades de economia mista, nas quais a estabilidade é uma prioridade estratégica. Contudo, a concentração de poder pode gerar conflitos de interesse, especialmente quando o controlador utiliza sua posição para aprovar transações em benefício próprio, em detrimento da sociedade ou de acionistas minoritários.

Por outro lado, o **controle minoritário** ocorre quando o poder decisório é exercido por um acionista ou grupo que, embora não detenha a maioria acionária, exerce influência determinante em virtude da dispersão do capital entre outros acionistas. Essa modalidade é menos frequente no Brasil, mas ganha relevância em companhias abertas com estrutura acionária pulverizada. Segundo Marcelo Figueiredo (2020, p. 64), "o controle minoritário demanda maior sofisticação na governança corporativa, sendo essencial a adoção de instrumentos como conselhos independentes e auditorias externas para assegurar a proteção dos interesses coletivos".

Já o **controle compartilhado** caracteriza-se pela existência de acordos de acionistas que estabelecem a cogestão da sociedade por dois ou mais controladores. Essa estrutura é amplamente utilizada em *joint ventures* e parcerias estratégicas, onde o equilíbrio de poder é essencial para o sucesso do empreendimento. A Lei das Sociedades por Ações reconhece a validade desses acordos, desde que respeitem os princípios da boa-fé e não contrariem as disposições legais ou estatutárias. Entretanto, conflitos entre os controladores podem surgir, especialmente em situações de divergência quanto aos rumos estratégicos da companhia.

O controlador exerce um papel central na definição das políticas empresariais, mas também assume responsabilidades significativas perante a sociedade e seus *stakeholders*. A legislação brasileira exige que o controlador atue em conformidade com os interesses da companhia, respeitando os direitos dos acionistas minoritários e observando os princípios da função social da empresa.

Essa responsabilidade é reforçada pelo art. 117 da Lei n. 6.404/1976, que prevê a responsabilização do controlador em casos de abuso de poder.

O abuso de controle ocorre quando o controlador utiliza sua posição de maneira a prejudicar a sociedade ou os demais acionistas. Exemplos incluem a celebração de contratos leoninos, a manipulação de assembleias gerais para obter benefícios particulares e a exploração de informações privilegiadas. Nessas situações, os prejudicados podem buscar a reparação de danos por meio de ações judiciais, além de outras sanções administrativas aplicáveis pela Comissão de Valores Mobiliários (CVM) no caso de companhias abertas.

A proteção aos minoritários é outro aspecto essencial do controle societário, especialmente em mercados caracterizados por alta concentração acionária. A legislação brasileira oferece diversos mecanismos de proteção, como o direito de recesso, a proibição de operações com conflito de interesses e a obrigatoriedade de realização de oferta pública de aquisição em casos de alienação de controle. Esses dispositivos visam equilibrar as relações de poder dentro das sociedades e promover maior confiança entre os investidores.

No âmbito dos grupos econômicos, o controle adquire uma dimensão ainda mais complexa, envolvendo múltiplas entidades interconectadas por relações de controle e subordinação. No Brasil, a legislação reconhece os grupos econômicos como entidades compostas por várias empresas que atuam de maneira coordenada, embora mantenham personalidades jurídicas distintas. Essa estrutura é amplamente utilizada por conglomerados que buscam diversificar suas operações e otimizar recursos.

A jurisprudência brasileira, especialmente no campo trabalhista, adota uma interpretação ampla dos grupos econômicos, impondo responsabilidade solidária entre suas integrantes em determinadas situações. Essa abordagem visa proteger os direitos dos trabalhadores e prevenir fraudes, mas também impõe desafios de conformidade para as empresas controladoras.

No contexto internacional, o controle de empresas enfrenta desafios adicionais em razão das diferenças legislativas entre os países. Grupos multinacionais devem gerenciar suas subsidiárias de modo a cumprir com as regulamentações locais, ao mesmo tempo em que buscam maximizar sinergias globais. A relação entre controladoras estrangeiras e suas subsidiárias brasileiras é frequentemente objeto de litígios, especialmente em questões relacionadas à desconsideração da personalidade jurídica.

O controle de empresas no Direito brasileiro é um tema multifacetado, que combina aspectos jurídicos, econômicos e éticos. A legislação vigente fornece um arcabouço robusto para regulamentar as relações de controle, mas desafios persistem, especialmente em áreas como proteção de minoritários, abuso de poder e governança de grupos econômicos. Para garantir a estabilidade e a eficiência do ambiente empresarial, é essencial que os controladores exerçam suas prerrogativas com responsabilidade, observando não apenas os interesses societários, mas também a função social da empresa.

10.3 Coligação ou filiação de empresas

A coligação ou filiação de empresas é um fenômeno jurídico e econômico que transcende as simples relações de mercado entre empresas isoladas. Envolve a criação de estruturas cooperativas ou integrativas, nas quais entidades juridicamente autônomas estabelecem vínculos para alcançar objetivos comuns. No Direito brasileiro, a coligação de empresas assume múltiplas formas e apresenta implicações relevantes, tanto no campo normativo quanto no funcional, impactando áreas como Direito Societário, Direito do Trabalho, Direito Tributário e Direito da Concorrência.

A coligação de empresas pode ser compreendida como uma forma de integração que mantém a autonomia jurídica das partes envolvidas, mas estabelece vínculos econômicos e jurídicos que promovem sinergias e alcançam objetivos estratégicos. Fábio Ulhoa Coelho (2023b, p. 169) define o fenômeno como: "a reunião de sociedades empresárias que, embora juridicamente autônomas, atuam sob uma coordenação ou controle comuns, visando à integração de atividades ou à otimização de recursos".

A Lei n. 6.404/1976 é o principal marco legal que regula as relações entre sociedades coligadas e sociedades controladoras e controladas no Brasil. O art. 243 da referida lei estabelece que há coligação quando uma sociedade participa de modo relevante no capital de outra, mas sem exercer controle. Já o controle ocorre quando a sociedade controladora detém poder decisivo na gestão da controlada, seja diretamente, por meio da maioria do capital votante, seja indiretamente, pela vinculação a acordos de acionistas.

> Nesse contexto, a doutrina brasileira destaca a importância da distinção entre coligação e controle. A primeira representa uma relação de cooperação, e o segundo implica uma relação de subordinação. Alfredo de Assis Gonçalves Neto (2023, p. 188) observa que "a coligação é um fenômeno horizontal, caracterizado por um vínculo de interdependência, enquanto o controle tem natureza vertical, refletindo uma relação hierárquica".

A coligação de empresas no Brasil frequentemente resulta na formação de grupos econômicos, uma estrutura de articulação empresarial na qual diversas sociedades, juridicamente independentes, atuam de maneira coordenada.

A CLT, em seu art. 2º, § 2º, dispõe que a configuração de grupo econômico não exige, necessariamente, a relação de subordinação entre as empresas, bastando a existência de atuação integrada ou coordenação.

A jurisprudência do Tribunal Superior do Trabalho (TST) consolidou a interpretação de que a caracterização do grupo econômico tem por objetivo garantir a proteção dos trabalhadores, reconhecendo a responsabilidade solidária entre as empresas componentes do grupo, independentemente da existência de controle direto. Essa evolução interpretativa é significativa, pois amplia a possibilidade de responsabilização, protegendo credores e terceiros que transacionam com o grupo.

No entanto, a caracterização de grupos econômicos vai além das questões trabalhistas. No âmbito tributário, a Receita Federal do Brasil analisa minuciosamente as operações entre empresas de um mesmo grupo, especialmente no que tange à transferência de preços, à tributação de lucros no exterior e às operações de reorganização societária. A prática de preços de transferência, regulada pela Lei n. 9.430/1996, visa evitar que grupos econômicos utilizem operações intragrupo para reduzir artificialmente a base tributável.

A complexidade das relações entre empresas coligadas ou controladas exige a implementação de robustos mecanismos de governança corporativa. A coexistência de diferentes interesses, especialmente em grupos que envolvem investidores minoritários, exige transparência, equidade e *accountability*. A CVM desempenha papel relevante ao regulamentar práticas que garantam o equilíbrio entre os direitos de acionistas controladores e minoritários.

Um aspecto essencial é a administração de conflitos de interesse que podem surgir entre a sociedade controladora e as controladas. Nesse sentido, o art. 117 da Lei n. 6.404/1976 define que o controlador deve exercer sua influência em benefício do conjunto empresarial, respeitando os direitos dos acionistas minoritários e dos demais *stakeholders*. A responsabilidade do controlador é tema recorrente na doutrina, conforme enfatiza Modesto Carvalhosa (2021, p. 187): "o poder de controle implica deveres fiduciários, de modo que sua utilização deve ser guiada pelos princípios da boa-fé e do interesse social".

No campo do Direito da Concorrência, a coligação de empresas é submetida à rigorosa análise por parte do Conselho Administrativo de Defesa Econômica (Cade). A Lei n. 12.529/2011 estabelece que atos de concentração econômica, como fusões, incorporações e aquisições, devem ser previamente notificados ao Cade para avaliação de seus impactos no mercado.

O objetivo dessa regulação é evitar que coligações resultem em abuso de posição dominante ou práticas anticoncorrenciais que prejudiquem a livre concorrência. A análise do Cade considera fatores como a participação de mercado das empresas envolvidas, o impacto na concorrência e os potenciais benefícios econômicos decorrentes da operação.

A tributação de operações entre empresas coligadas ou controladas é um dos pontos mais sensíveis no Direito brasileiro. O planejamento tributário envolvendo coligações de empresas requer conformidade com normas que evitam práticas abusivas, como a simulação ou a dissimulação de operações. Hugo de Brito Machado (2024, p. 218) destaca que "as autoridades fiscais devem atentar não apenas para a forma das operações, mas também para sua substância econômica, de modo a identificar eventual intenção de evasão fiscal".

A reorganização societária, frequentemente utilizada como ferramenta para otimizar a estrutura tributária de grupos econômicos, também é objeto de análise rigorosa por parte do Fisco. Operações como fusões, cisões e incorporações, embora lícitas, podem ser desconsideradas se forem realizadas com o único objetivo de evitar tributos.

A coligação ou filiação de empresas no Direito brasileiro é um tema multifacetado, que abrange aspectos jurídicos, econômicos e regulatórios. Sua compreensão exige uma análise integrada das normas legais, dos princípios doutrinários e das decisões jurisprudenciais que moldam o ambiente empresarial no país.

A regulação da coligação de empresas busca equilibrar a liberdade econômica e a proteção de interesses públicos e privados, promovendo a eficiência econômica sem comprometer a concorrência ou os direitos de *stakeholders*. Nesse sentido, é imprescindível que o legislador, o Poder Judiciário e os órgãos reguladores, como o Cade e a CVM, atuem de maneira articulada para assegurar a segurança jurídica e o desenvolvimento sustentável das relações empresariais no Brasil.

10.4 *Holdings* de empresas

O conceito de *holdings* no Direito brasileiro representa uma figura societária estratégica de grande relevância, que transcende sua função básica de participação no capital de outras empresas. Essas entidades, também conhecidas como *sociedades de participação*, são configuradas para gerir, controlar e administrar ativos ou participações em outras sociedades, exercendo papel central na organização de grupos econômicos, no planejamento tributário, na proteção patrimonial e na governança corporativa. Para aprofundar a compreensão jurídica, econômica e prática das *holdings* no Brasil, vamos abordar sua origem, a natureza jurídica, as funcionalidades, as regulamentações e os impactos em diferentes áreas do Direito.

> De acordo com Fábio Ulhoa Coelho (2023b, p. 159), "a sociedade holding não se caracteriza pela atividade produtiva ou comercial direta, mas sim pelo

> papel instrumental de controle, planejamento e gestão sobre outras entidades empresariais".

Essa definição posiciona a *holding* como peça-chave em estratégias empresariais que demandam centralização decisória, coordenação administrativa e otimização do uso de recursos dentro de grupos econômicos. Essa centralidade é ainda mais evidente quando se observa a capacidade das *holdings* de atuarem como catalisadoras de eficiência empresarial, promovendo maior competitividade no mercado e facilitando a integração de operações.

No Brasil, a **constituição** de *holdings* é disciplinada pelo Código Civil de 2002 e pela Lei n. 6.404/1976 (Lei das Sociedades por Ações), permitindo que essas entidades sejam organizadas como sociedades limitadas ou anônimas. A escolha da forma societária depende das características e dos objetivos da *holding*. A sociedade anônima, por exemplo, é preferida em cenários que demandam maior captação de recursos no mercado financeiro ou um modelo de governança corporativa mais robusto, ao passo que a sociedade limitada é mais comumente utilizada em estruturas familiares ou menores.

As *holdings* podem ser classificadas em diferentes tipos, conforme sua finalidade predominante. As *holdings* **puras** têm como único objetivo a gestão de participações societárias, enquanto as *holdings* **mistas** acumulam outras atividades, como a prestação de serviços ou a produção de bens. Além disso, destaca-se a figura da *holding* **patrimonial**, utilizada amplamente para proteger e organizar patrimônios familiares, e da *holding* **operacional**, que exerce controle direto sobre as atividades empresariais de suas subsidiárias.

A criação de *holdings* está frequentemente associada à organização de grupos econômicos, que, no Direito brasileiro, são conjuntos de empresas juridicamente independentes, mas integradas por vínculos de coordenação ou controle. O art. 243 da Lei n. 6.404/1976 define o conceito de *controladora* como a sociedade que detém influência dominante na gestão de outra sociedade, direta ou indiretamente, por meio de ações ou quotas. Tal configuração, quando estruturada sob uma *holding*, permite consolidar o poder decisório em uma única entidade, otimizando a administração e minimizando redundâncias administrativas.

A utilização de *holdings* como instrumentos de **planejamento sucessório** e **proteção patrimonial** também merece destaque. Em famílias empresárias, essas sociedades viabilizam a transferência organizada de bens e direitos aos herdeiros, preservando o patrimônio contra disputas judiciais e garantindo a continuidade das atividades empresariais. Modesto Carvalhosa (2021, p. 201) enfatiza que: "a *holding* patrimonial é um mecanismo eficiente para evitar a pulverização de ativos familiares e proteger o núcleo econômico contra conflitos decorrentes de sucessões". Esse planejamento é particularmente vantajoso em cenários de empresas familiares, em que a continuidade do comando empresarial é essencial para a sobrevivência do negócio.

No que concerne ao **planejamento tributário**, as holdings oferecem possibilidades significativas, desde que utilizadas de maneira legítima e dentro dos limites estabelecidos pelo ordenamento jurídico. A reorganização societária por meio da criação de uma holding pode reduzir a carga tributária sobre os lucros, especialmente em operações intragrupo. Contudo, o uso abusivo dessas estruturas pode atrair a atenção do Fisco e a aplicação da teoria da desconsideração da personalidade jurídica, prevista no art. 50 do Código Civil. Hugo de Brito Machado (2024, p. 65) adverte que "a linha entre planejamento tributário legítimo e práticas de evasão fiscal é tênue, cabendo ao intérprete e às autoridades fiscais analisar a substância econômica das operações".

Outro aspecto importante está relacionado à **governança corporativa** das holdings, especialmente naquelas organizadas sob a forma de sociedades anônimas. A centralização do controle em uma holding exige mecanismos de governança que garantam o equilíbrio entre os interesses dos acionistas controladores e minoritários, assegurando a transparência na tomada de decisões. A Lei n. 6.404/1976 exige que certas holdings adotem estruturas de governança mais robustas, como conselhos de administração e comitês de auditoria. A CVM, por sua vez, regula práticas de governança para holdings de capital aberto, impondo regras de *disclosure* e *compliance* que asseguram maior transparência ao mercado.

No âmbito do Direito da Concorrência, as holdings podem desempenhar um papel ambivalente. Por um lado, contribuem para a eficiência e a competitividade das empresas. Por outro lado, a estruturação de grupos econômicos via holdings pode levantar preocupações regulatórias, especialmente quando envolve concentração excessiva de mercado. A Lei n. 12.529/2011 estabelece que atos de concentração econômica, incluindo a formação de holdings que detenham participações societárias relevantes em concorrentes, devem ser submetidos ao crivo do Cade. O objetivo é evitar que tais operações resultem em práticas anticoncorrenciais, como a eliminação de concorrentes ou o abuso de posição dominante.

Ainda no **contexto regulatório**, as holdings são fundamentais na **atração de investimentos estrangeiros**. Investidores estrangeiros frequentemente utilizam holdings como veículo para ingressar no mercado brasileiro, aproveitando benefícios fiscais e organizacionais que essas estruturas oferecem. Contudo, existem restrições legais à participação estrangeira em setores estratégicos, como o de comunicação e propriedades rurais, que devem ser observadas na constituição dessas entidades.

A jurisprudência brasileira tem abordado de modo significativo as questões relacionadas às holdings. No campo trabalhista, as holdings podem ser consideradas integrantes de grupos econômicos, assumindo responsabilidade solidária pelas obrigações trabalhistas das empresas controladas. Essa interpretação está consolidada no Tribunal Superior do Trabalho (TST), que tem ampliado a noção de grupo econômico para incluir situações de coordenação ou atuação integrada, mesmo na ausência de controle formal.

No Direito Tributário, as discussões frequentemente giram em torno da legitimidade das operações intragrupo realizadas por holdings, especialmente no que se refere à distribuição de lucros e ao pagamento de dividendos. O planejamento tributário envolvendo holdings pode ser contestado pelas autoridades fiscais, caso seja identificado desvio de finalidade ou abuso de forma jurídica.

Por fim, o uso de holdings, embora legítimo e amplamente benéfico, não está isento de riscos. A teoria da desconsideração da personalidade jurídica, prevista no art. 28 do Código de Defesa do Consumidor e no art. 50 do Código Civil, permite que os tribunais desconsiderem a autonomia jurídica de uma holding quando esta é utilizada para fins ilícitos, como a fraude contra credores ou a confusão patrimonial.

Em conclusão, as holdings atuam de modo multifacetado e indispensável no Direito brasileiro, combinando eficiência econômica, organização patrimonial e proteção jurídica. Sua relevância transcende o âmbito empresarial, estendendo-se ao planejamento familiar, tributário e sucessório. Contudo, a utilização dessas sociedades deve ser pautada pela conformidade legal, pela ética empresarial e pela transparência, garantindo que seus benefícios sejam alcançados sem comprometer os direitos de terceiros ou o interesse público.

10.5 Participação societária em empresas

A participação societária em empresas é um tema que perpassa múltiplas dimensões do Direito e da Economia, configurando-se como instrumento fundamental para a organização empresarial, a captação de recursos e a realização de interesses econômicos. No Direito brasileiro, a participação societária se desenvolve em um arcabouço jurídico robusto, composto por normas que regulam direitos e deveres de sócios e acionistas, bem como os reflexos econômicos e sociais dessa estruturação. A seguir, vamos aprofundar o estudo da participação societária, analisando sua natureza jurídica, modalidades, implicações econômicas e os desafios enfrentados na prática.

A participação societária consiste na titularidade de ações, quotas ou outros instrumentos representativos do capital social de uma sociedade empresária. Trata-se de um vínculo jurídico que atribui ao titular direitos políticos, econômicos e administrativos em relação à sociedade. De acordo com Fábio Ulhoa Coelho (2023b, p. 241), "a participação societária configura um complexo de direitos que inclui não apenas a fruição de resultados econômicos, mas também o exercício de influência na gestão empresarial". Esse vínculo é o alicerce sobre o qual se constroem as relações internas da sociedade, fundamentando a tomada de decisões e a distribuição de resultados.

No ordenamento jurídico brasileiro, o regime jurídico das participações societárias varia conforme a forma societária escolhida. No caso das sociedades limitadas, reguladas pelo Código Civil, as participações são denominadas *quotas* e representam a fração do capital subscrito por cada sócio. As quotas conferem direitos proporcionais ao valor investido, incluindo a participação nos lucros e a votação em assembleias. Já nas sociedades anônimas, regidas pela Lei n. 6.404/1976, as participações são representadas por ações, que podem ser ordinárias, preferenciais ou de fruição. Cada tipo de ação confere direitos específicos, como o direito ao voto, a preferência no recebimento de dividendos ou a participação em decisões estratégicas.

A estruturação da participação societária está diretamente ligada ao conceito de controle societário, que se refere à capacidade de influenciar decisivamente as deliberações da sociedade. O controle pode ser exercido de modo **direto**, por meio da titularidade da maioria das ações com direito a voto, ou de maneira **indireta**, por meio de acordos entre acionistas ou outras formas de coordenação. Alfredo de Assis Gonçalves Neto (2023, p. 197) destaca: "o controle societário é elemento fundamental para a estabilidade das relações empresariais e para a eficiência da administração, mas deve ser exercido com responsabilidade e respeito aos direitos dos minoritários".

O papel dos **acionistas minoritários** no contexto da participação societária também é de grande relevância. Embora possuam menor influência sobre a gestão, os acionistas minoritários gozam de direitos específicos para proteger seus interesses e evitar abusos por parte dos controladores. Entre esses direitos, destacam-se o direito de fiscalização, o direito ao recebimento proporcional de dividendos e o direito de retirada em casos de alteração substancial da sociedade. A Lei n. 6.404/1976 prevê mecanismos de proteção aos minoritários, como o voto múltiplo e a possibilidade de instauração de ações judiciais em defesa de seus interesses, caso sejam lesados.

No âmbito das relações de mercado, a participação societária tem papel estratégico, especialmente em operações de fusões, aquisições e incorporações. Tais operações permitem a reorganização de estruturas empresariais, a expansão de mercados e a captação de recursos, mas também envolvem complexidades jurídicas e econômicas. A legislação brasileira exige que essas operações sejam conduzidas de modo transparente e com respeito aos direitos de todos os participantes. O Cade exerce papel central na análise de atos de concentração econômica, avaliando os impactos dessas operações sobre a concorrência e a eficiência do mercado.

A participação societária também é instrumento central no **mercado de capitais**, que possibilita a aquisição de ações de empresas listadas na bolsa de valores. Esse mercado é regulado pela CVM, que estabelece normas de transparência, governança corporativa e proteção aos investidores. A CVM busca assegurar que a participação societária em empresas de capital aberto ocorra em condições justas, garantindo que os acionistas tenham acesso a informações relevantes para a tomada de decisões e que sejam protegidos contra práticas fraudulentas ou abusivas.

No que tange aos **aspectos tributários**, a participação societária envolve obrigações fiscais específicas, como a tributação de dividendos, juros sobre o capital próprio e ganhos de capital. No Brasil, os dividendos estão isentos de Imposto de Renda, conforme previsão da legislação tributária vigente, ao passo que os ganhos de capital obtidos na alienação de participações societárias são tributados de acordo com alíquotas progressivas.

> Hugo de Brito Machado (2024, p. 429) observa que "o regime tributário das participações societárias deve equilibrar a arrecadação com a manutenção de um ambiente favorável aos investimentos, promovendo a eficiência econômica sem impor ônus excessivo aos investidores".

Do **ponto de vista econômico**, a participação societária é um mecanismo fundamental para a mobilização de recursos e a formação de capital. Ao permitir a captação de investimentos por meio da emissão de ações ou quotas, as empresas podem financiar seus projetos e ampliar suas operações. Essa dinâmica é especialmente relevante em economias emergentes, nas quais o mercado de capitais desempenha papel crucial na promoção do desenvolvimento econômico. No Brasil, a Bolsa de Valores (B3) é o principal ambiente de negociação de participações societárias, atraindo investidores nacionais e internacionais.

Outro aspecto relevante da participação societária é sua utilização como instrumento de planejamento sucessório e organização patrimonial. Em empresas familiares, a distribuição de participações entre os herdeiros pode assegurar a continuidade do negócio e evitar disputas judiciais sobre a divisão do patrimônio. Modesto Carvalhosa (2021, p. 215) ressalta: "a organização de participações societárias em estruturas bem definidas é essencial para preservar a integridade do patrimônio e garantir a sucessão de forma ordenada e eficiente".

A jurisprudência brasileira também atua significativamente na regulamentação das participações societárias, especialmente em casos de disputas entre sócios ou acionistas. O Superior Tribunal de Justiça (STJ) tem consolidado entendimentos importantes sobre temas como o direito de recesso, a validade de acordos de acionistas e a responsabilidade de controladores e administradores. Essas decisões contribuem para a estabilidade das relações societárias e para a segurança jurídica no ambiente de negócios.

Finalmente, a participação societária tem **relevância internacional**, especialmente no contexto de investimentos estrangeiros no Brasil. A legislação brasileira permite que investidores estrangeiros adquiram participação em empresas nacionais, sujeitando-se às regras gerais aplicáveis e a eventuais restrições setoriais. Essa abertura ao capital estrangeiro é essencial para a integração econômica do Brasil no cenário global, mas também exige atenção a questões regulatórias, como a necessidade de registro de investimentos junto ao Banco Central do Brasil.

A participação societária no Direito brasileiro é um tema de grande complexidade e importância, envolvendo aspectos jurídicos, econômicos e sociais. Sua análise requer uma abordagem multidisciplinar, que considere tanto os interesses das sociedades quanto os direitos dos sócios e acionistas. A estruturação de participações societárias, quando conduzida de modo eficiente e transparente, contribui para o fortalecimento do ambiente de negócios, a promoção do desenvolvimento econômico e a realização de interesses individuais e coletivos. Ao mesmo tempo, exige um arcabouço normativo robusto e mecanismos de fiscalização que assegurem a equidade e a segurança jurídica no exercício dos direitos societários.

10.6 Outras relações jurídicas societárias atípicas

O Direito Societário brasileiro, historicamente estruturado em torno de formas societárias típicas e bem delineadas, como as sociedades limitadas e as sociedades anônimas, tem se deparado, cada vez mais, com estruturas jurídicas atípicas que refletem a evolução e a complexidade das atividades econômicas modernas. Essas relações jurídicas societárias atípicas não se enquadram perfeitamente nos modelos societários tradicionais, mas são importantes na organização de interesses empresariais, na formação de parcerias estratégicas e na adaptação a demandas econômicas específicas.

A complexidade das relações jurídicas empresariais contemporâneas exige do Direito respostas que combinem flexibilidade e segurança jurídica. A emergência de estruturas societárias atípicas no Brasil não é um desvio, mas uma evolução natural do Direito Societário frente às demandas do mercado. Conforme destaca Fábio Ulhoa Coelho (2023, p. 20), "o Direito Societário não é estático, mas acompanha as transformações econômicas e sociais, acolhendo novas formas de organização empresarial quando estas se revelam necessárias ou convenientes". A partir desse entendimento, as relações societárias atípicas merecem análise aprofundada, tanto em seu aspecto jurídico quanto econômico.

Entre as formas de relações atípicas mais recorrentes, destacam-se os consórcios empresariais, as *joint ventures*, os acordos de acionistas, os fundos de investimento e as parcerias público-privadas (PPPs). Cada uma dessas figuras apresenta características peculiares que as distinguem das sociedades típicas, mas que, ao mesmo tempo, compartilham elementos fundamentais do regime societário, como a colaboração de esforços e a organização de recursos em torno de um objetivo comum.

O contrato de **consórcio**, regulamentado pelo art. 278 da Lei n. 6.404/1976, é amplamente utilizado no Brasil como ferramenta para a execução de grandes projetos que exigem a atuação conjunta de diferentes empresas. No consórcio, não há a formação de uma nova pessoa jurídica, e as empresas participantes mantêm sua autonomia patrimonial e jurídica, mas assumem responsabilidades conjuntas no cumprimento do objeto do contrato. Essa modalidade é particularmente relevante em setores como infraestrutura, construção civil e energia, nos quais a escala e a complexidade dos projetos frequentemente superam a capacidade de uma única empresa. Alfredo de Assis Gonçalves Neto (2023, p. 226) observa que "o consórcio permite a otimização de recursos e a distribuição de riscos entre os participantes, sendo uma solução eficiente para projetos de grande envergadura".

Embora eficaz, o consórcio apresenta desafios jurídicos significativos. Um dos principais é a definição da extensão da responsabilidade solidária entre as empresas consorciadas. A jurisprudência brasileira tem reconhecido, em diversas ocasiões, que os consorciados podem ser solidariamente responsáveis perante terceiros, especialmente em casos de inadimplemento contratual ou danos causados no âmbito do projeto. Essa interpretação exige dos consorciados cuidado redobrado na elaboração de contratos e na gestão do consórcio, a fim de mitigar riscos e evitar litígios desnecessários.

Outra figura relevante é a **joint venture**, que, apesar de amplamente utilizada no Brasil, não tem regulamentação específica no ordenamento jurídico nacional. A *joint venture* pode assumir diferentes formas, desde a constituição de uma sociedade específica para atender a um projeto comum até a celebração de contratos que regulam a cooperação entre as partes sem a criação de uma nova entidade jurídica. A ausência de regulamentação legal confere às partes ampla liberdade contratual, mas também aumenta a necessidade de clareza e detalhamento nos instrumentos jurídicos que regem a relação.

A joint venture é frequentemente utilizada em projetos de inovação tecnológica, exploração de recursos naturais e expansão de negócios em mercados internacionais. Modesto Carvalhosa (2021, p. 87) destaca: "a joint venture representa uma das formas mais flexíveis e adaptáveis de parceria empresarial, mas sua eficácia depende de uma estruturação jurídica cuidadosa que contemple os interesses e as responsabilidades das partes envolvidas". Nesse contexto, a elaboração de acordos detalhados sobre governança, divisão de resultados e resolução de conflitos é essencial para o sucesso da joint venture.

Os acordos de acionistas, previstos no art. 118 da Lei n. 6.404/1976, também se destacam como instrumento de regulação de relações societárias atípicas. Esses acordos permitem que os acionistas estabeleçam regras específicas sobre o exercício de direitos de voto, a transferência de ações e outros aspectos de sua relação com a sociedade e entre si. Embora tradicionalmente associados a sociedades anônimas, os acordos de acionistas têm sido cada vez mais utilizados em outras estruturas societárias e até mesmo em contextos não societários, como consórcios e joint ventures.

Os **fundos de investimento**, regulados pela CVM, configuram outra modalidade de relação jurídica societária atípica que tem ganhado destaque no Brasil. Embora tecnicamente não sejam sociedades, os fundos de investimento reúnem recursos de diversos investidores para aplicação em ativos financeiros ou empresariais, funcionando como uma forma coletiva de organização de capitais. Hugo de Brito Machado (2024, p. 240) observa que "os fundos de investimento são uma manifestação do dinamismo do mercado financeiro, permitindo a democratização do acesso ao mercado de capitais e a diversificação de riscos".

No âmbito das **parcerias público-privadas (PPPs)**, regulamentadas pela Lei n. 11.079/2004, há uma interação entre entes públicos e privados que também pode ser considerada uma relação societária atípica. Embora o objetivo principal das PPPs seja a realização de projetos de interesse público, como infraestrutura, saneamento e saúde, essas parcerias frequentemente envolvem estruturas societárias ou contratuais complexas que demandam regulação e supervisão adequadas.

Os desafios das relações societárias atípicas incluem questões como a ausência de regulamentação específica, a dificuldade de delimitação de responsabilidades e os riscos de conflitos entre as partes. A jurisprudência brasileira tem desempenhado papel crucial na interpretação e na aplicação do Direito às relações atípicas, contribuindo para a segurança jurídica e a previsibilidade das decisões.

Além dos aspectos jurídicos, as relações societárias atípicas têm implicações econômicas e sociais significativas. Elas permitem a realização de projetos que seriam inviáveis em estruturas societárias tradicionais, promovem a cooperação entre empresas de diferentes setores e facilitam o acesso a recursos financeiros e tecnológicos. Ao mesmo tempo, exigem um ambiente regulatório estável e transparente, que incentive a inovação e a competitividade sem comprometer os direitos dos participantes.

Em conclusão, as relações jurídicas societárias atípicas refletem a capacidade do Direito Societário de evoluir e se adaptar às necessidades do mercado. Ainda que careçam de regulamentação específica em muitos casos, essas relações são essenciais na organização de interesses empresariais e na realização de projetos estratégicos. Seu estudo e sua aplicação demandam abordagem interdisciplinar, que combine análise jurídica rigorosa com compreensão das dinâmicas econômicas e sociais. Assim, as relações societárias atípicas consolidam-se como elemento vital no cenário empresarial brasileiro, promovendo inovação, eficiência e desenvolvimento.

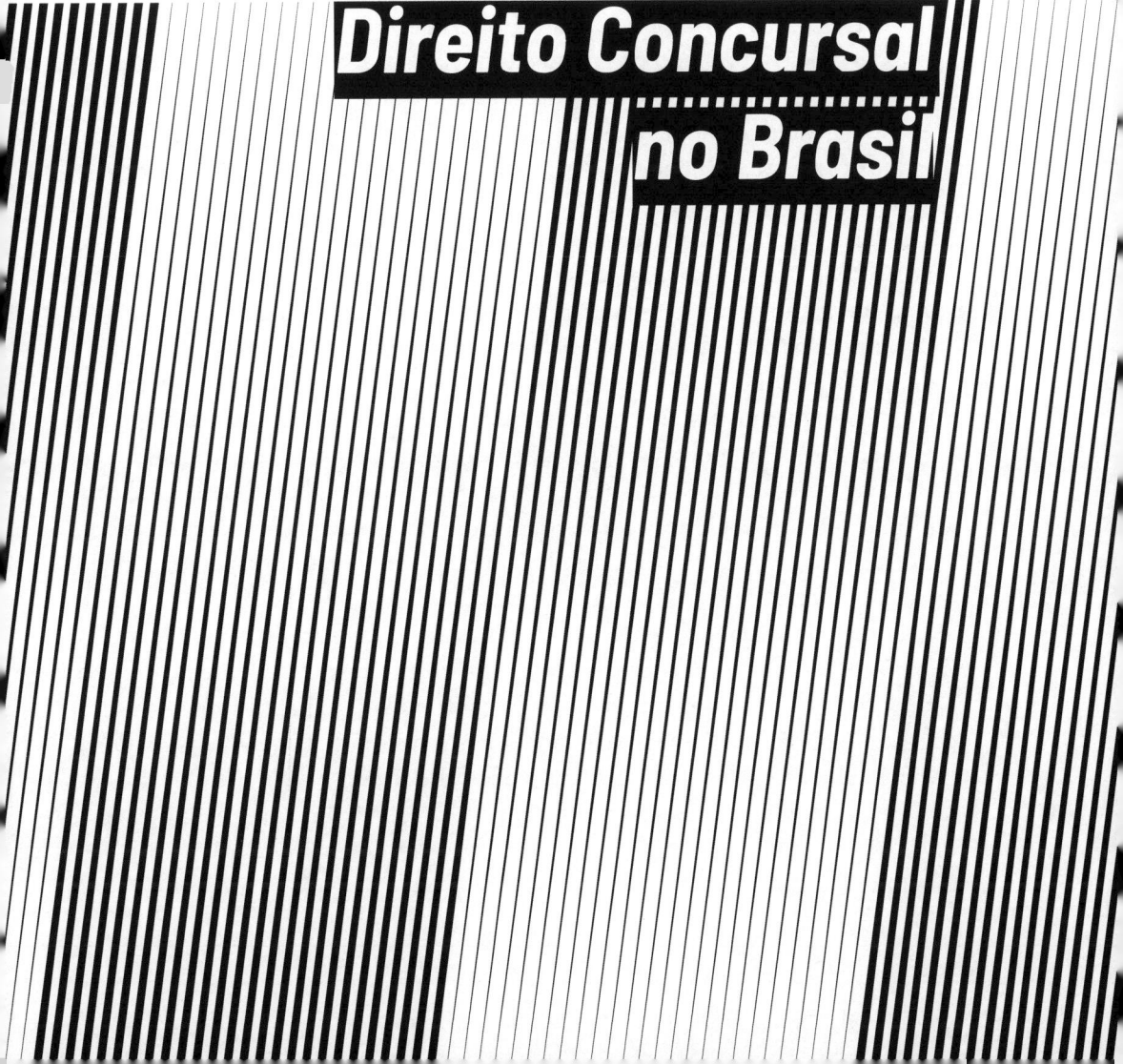

Capítulo 11
Direito Concursal no Brasil

O Direito Concursal no Brasil ocupa posição de destaque no ordenamento jurídico, sendo um campo que transcende a mera regulação de situações de insolvência para se estabelecer como instrumento de política econômica, social e jurídica. Sua função primordial não se limita à simples proteção de credores ou liquidação de patrimônios, mas se expande para englobar a reestruturação empresarial, a promoção da estabilidade do mercado e a preservação da função social das empresas. A abordagem contemporânea desse ramo busca harmonizar interesses frequentemente antagônicos em processos marcados por complexidade técnica e relevância econômica.

A recuperação judicial, como instituída no Brasil, não é um produto isolado, mas o resultado de uma extensa trajetória de desenvolvimento legislativo e teórico. Sob o regime do Decreto-Lei n. 7.661/1945, a concordata limitava-se a oferecer uma suspensão parcial das dívidas, sem envolver reestruturações profundas ou instrumentos para recuperação de longo prazo. O modelo adotado era centrado no crédito e na liquidação patrimonial, sem considerar a empresa como uma unidade produtiva com impacto social.

Com a entrada em vigor da Constituição Federal de 1988, o cenário começou a mudar. A introdução do princípio da função social da empresa (art. 170, III, da Constituição) influenciou o debate jurídico, destacando a relevância de proteger os agentes econômicos enquanto geradores de empregos e tributos. Essa transformação foi acompanhada por críticas crescentes à rigidez e à ineficácia do regime concordatário.

A Lei n. 11.101/2005, marco normativo que substituiu o obsoleto Decreto-Lei n. 7.661/1945, introduziu uma visão moderna e funcional do Direito Concursal, aproximando-o de modelos jurídicos internacionais, como o norte-americano (*Chapter 11* do *Bankruptcy Code*) e o europeu (*Insolvency Regulation*). Como bem analisa Fábio Ulhoa Coelho (2023, p. 257), "a legislação de 2005 representa um divisor de águas ao deslocar o foco do processo concursal da liquidação para a recuperação, refletindo a compreensão de que empresas viáveis devem ser preservadas para o benefício da sociedade como um todo". Esse deslocamento está diretamente associado ao reconhecimento da empresa como uma entidade que transcende a individualidade do empresário, desempenhando papel econômico e social fundamental.

O princípio da preservação da empresa, consagrado no art. 47 da Lei n. 11.101/2005, constitui o núcleo do Direito Concursal contemporâneo. Tal princípio não se limita a assegurar a continuidade das atividades econômicas, mas também busca promover os valores sociais e econômicos vinculados à existência da empresa, como a manutenção de empregos, a geração de tributos e a dinamização do mercado. Entretanto, a preservação não é incondicional, sendo reservada para situações em que a empresa demonstra viabilidade econômica. A jurisprudência e a doutrina reiteram que a aplicação desse princípio exige análise criteriosa, a fim de evitar que empresas estruturalmente inviáveis permaneçam operando em detrimento de credores e da economia como um todo.

A recuperação judicial, que substituiu a concordata no regime anterior, é a principal inovação da Lei n. 11.101/2005. Esse mecanismo permite que empresas em crise econômica e financeira apresentem, com aprovação de seus credores, um plano de reestruturação que contemple desde a renegociação de dívidas até a reorganização societária e administrativa. Conforme Alfredo de Assis Gonçalves Neto (2023, p. 366), "a recuperação judicial transcende o simples rearranjo patrimonial, configurando-se como uma verdadeira reinvenção do modelo de negócio". A recuperação judicial é um processo eminentemente negocial, no qual a figura do juiz assume papel de garantidor do equilíbrio entre as partes, sem substituir a autonomia dos credores e do devedor.

A recuperação judicial está fundamentada em três pilares essenciais:

- a preservação da empresa;
- a função social da empresa; e
- a viabilidade econômica.

Cada um desses princípios apresenta uma dimensão teórica e prática que merece análise detalhada.

A empresa, mais do que um conjunto de bens e ativos, é compreendida como uma unidade produtiva indispensável para o funcionamento da economia. A preservação da empresa não se limita a interesses individuais dos sócios, mas abrange também a coletividade. Rubens Requião (2019, p. 287) sublinha que "a continuidade das atividades empresariais é condição *sine qua non* para a estabilidade econômica e social de qualquer país".

Esse princípio reflete o interesse público em manter em operação empresas que gerem empregos e contribuam para o desenvolvimento regional e nacional. No entanto, a preservação não é absoluta; empresas inviáveis economicamente não devem ser mantidas, pois isso implicaria alocação ineficiente de recursos e desestímulo à competitividade.

A função social da empresa é um princípio com raízes constitucionais que vai além da lógica econômica. Ela enfatiza que a atividade empresarial deve atender a finalidades que transcendem o lucro, promovendo a justiça social e o bem-estar coletivo. Assim, a recuperação judicial deve ser orientada por medidas que minimizem os impactos sociais da crise empresarial, como a manutenção de empregos e a proteção de pequenas e médias empresas fornecedoras.

Como pontua José Alexandre Tavares Guerreiro (2016, p. 98), "a função social da empresa implica a obrigação de que o empresário ou sociedade empresária observe os reflexos de sua atividade na comunidade, sendo este um critério de legitimidade para a sua preservação no contexto de crise".

Entretanto, a recuperação judicial enfrenta desafios significativos, como a morosidade processual e a resistência de credores em aceitar planos que envolvam descontos substanciais ou prazos dilatados. Esses problemas têm incentivado a busca por soluções extrajudiciais mais céleres e flexíveis. A recuperação extrajudicial, prevista na Lei n. 11.101/2005, é uma alternativa que visa evitar a judicialização desnecessária, permitindo que devedor e credores celebrem acordo diretamente, sujeito apenas à homologação judicial. Embora menos utilizada que a recuperação judicial, essa modalidade tem ganhado espaço em setores econômicos em que a agilidade é essencial para a preservação de ativos e operações.

O procedimento falimentar permanece como instrumento central do Direito Concursal para a liquidação de empresas cuja recuperação não é viável. A falência tem como objetivo a realização dos ativos do devedor e a satisfação ordenada dos credores, observando a hierarquia estabelecida na lei. A Lei n. 11.101/2005 introduziu importantes inovações nesse âmbito, como a possibilidade de alienação de unidades produtivas isoladas (UPIs), permitindo a continuidade de atividades econômicas sem a transferência dos passivos. Essa medida, segundo Modesto Carvalhosa (2021, p. 409), "é essencial para evitar o colapso de atividades econômicas relevantes e para atrair investidores interessados em adquirir ativos livres de ônus".

A reforma introduzida pela Lei n. 14.112/2020 trouxe avanços significativos ao Direito Concursal brasileiro, buscando mitigar os problemas identificados nos primeiros 15 anos de vigência da Lei n. 11.101/2005. Entre as principais mudanças, destaca-se a regulamentação do financiamento durante o processo de recuperação judicial (*DIP financing*), que permite à empresa em recuperação obter crédito com prioridade de pagamento em eventual falência. Essa inovação visa resolver um dos maiores entraves à recuperação de empresas no Brasil: a falta de liquidez durante o processo. Outro avanço relevante é a simplificação de procedimentos, como a introdução de meios eletrônicos para votação de planos de recuperação, reduzindo custos e agilizando decisões.

Além disso, o Direito Concursal tem enfrentado o desafio de se adaptar às novas realidades econômicas, como as crises globais e as mudanças tecnológicas. A pandemia de covid-19, por exemplo, gerou um aumento expressivo nos pedidos de recuperação judicial e falências, expondo as fragilidades do sistema e impulsionando debates sobre a necessidade de flexibilização das normas concursais. A jurisprudência desempenhou papel essencial nesse contexto, ao interpretar dispositivos legais de maneira mais adaptativa, como na concessão de prazos adicionais para negociações e na suspensão de execuções judiciais contra empresas em recuperação.

Outro ponto é a insolvência transnacional, que ganha cada vez mais relevância em um mundo globalizado. Empresas com operações em múltiplos países frequentemente enfrentam processos de insolvência em diferentes jurisdições, criando conflitos de competência e dificuldades para a coordenação dos interesses dos credores. A Lei n. 11.101/2005, em consonância com a Lei Modelo da UNCITRAL sobre Insolvência Transnacional, prevê mecanismos para o reconhecimento e a cooperação entre processos de insolvência de diferentes países. Esses dispositivos visam evitar a fragmentação dos processos e garantir maior eficiência na resolução das crises empresariais.

As relações de trabalho em contextos concursais também merecem atenção. A prioridade dos créditos trabalhistas em processos de falência e recuperação judicial é um reflexo do princípio da dignidade da pessoa humana e da função social do trabalho. Contudo, a aplicação prática dessa prioridade frequentemente entra em conflito com a necessidade de preservar a viabilidade da empresa ou de maximizar o valor dos ativos. A jurisprudência tem buscado soluções que conciliem esses interesses, reconhecendo, por exemplo, a validade de acordos coletivos que flexibilizem condições de pagamento em contextos de recuperação judicial.

Por fim, a análise do Direito Concursal no Brasil não pode prescindir de uma reflexão crítica sobre os desafios estruturais que limitam sua eficácia. A morosidade do sistema judiciário, a baixa capacitação técnica de muitos operadores do Direito e a complexidade da legislação tributária são fatores que dificultam a plena realização dos objetivos do Direito Concursal. Ademais, a resistência cultural à negociação e à mediação ainda é um entrave significativo para a efetividade dos mecanismos de recuperação extrajudicial.

O Direito Concursal brasileiro é um campo dinâmico e multidimensional, que desempenha papel essencial na regulação das crises empresariais e na promoção da estabilidade econômica. Sua evolução contínua reflete não apenas as demandas do mercado, mas também os valores sociais e os princípios jurídicos que fundamentam o ordenamento brasileiro. A construção de um sistema concursal mais ágil, eficiente e inclusivo é um desafio que exige esforços coordenados de legisladores, juristas, empresários e sociedade civil, consolidando esse ramo do Direito como um verdadeiro instrumento de desenvolvimento econômico e social.

11.1 Procedimento falimentar

A compreensão da natureza jurídica da falência exige um estudo que abarque não apenas os aspectos normativos, mas também os elementos históricos, econômicos e sociais. No Brasil, a falência evoluiu de uma perspectiva meramente punitiva, inspirada no Direito romano e em legislações europeias antigas, para um instrumento que combina elementos de execução coletiva e reorganização econômica.

Historicamente, a falência surge na Idade Média, no contexto de expansão comercial das cidades italianas. A insolvência era tratada como um delito grave, muitas vezes resultando em penas severas, como a prisão ou o confisco integral do patrimônio do comerciante. Esse caráter penal foi suavizado no decorrer dos séculos à medida que o capitalismo comercial e, posteriormente, o industrial se consolidaram.

No Brasil, as primeiras normas sobre falência foram inspiradas no Código Comercial Francês de 1807, com um enfoque predominantemente repressivo. Somente com o Decreto-Lei n. 7.661/1945 houve um avanço significativo, mas a Lei n. 11.101/2005 foi responsável pela modernização do instituto, adequando-o às exigências de um mercado globalizado.

Sob a ótica contemporânea, a falência é vista como um mecanismo de reestruturação do mercado, o que se reflete em sua natureza jurídica híbrida. Rubens Requião (2019, p. 431) ressalta que "a falência não pode ser interpretada como mera liquidação patrimonial; é também uma forma de intervenção estatal que objetiva proteger a economia e os direitos dos credores".

A doutrina identifica os seguintes **elementos essenciais** na falência:

- **Processo coletivo**: reúne todos os credores para assegurar uma distribuição proporcional e organizada do patrimônio do devedor.
- **Intervenção estatal**: o Estado regula o processo, nomeando um administrador judicial e fiscalizando os atos do devedor e credores.
- **Caráter econômico-social**: reconhece que a falência afeta não apenas os credores e o devedor, mas também trabalhadores, consumidores e o mercado como um todo.

Essa natureza multifacetada confere à falência um papel que vai além do direito privado, inserindo-a no contexto do direito econômico.

Os pressupostos da falência, definidos no art. 94 da Lei n. 11.101/2005, são fundamentais para garantir que a decretação da falência ocorra de maneira justa e proporcional. No entanto, sua aplicação prática levanta questões jurídicas relevantes.

Embora seja o fundamento mais utilizado, a impontualidade no pagamento tem sido objeto de discussões doutrinárias e jurisprudenciais. A exigência de que a dívida seja líquida, certa e exigível busca evitar abusos no uso da falência como instrumento de pressão. Entretanto, casos de má-fé processual ainda ocorrem, como o uso de títulos prescritos ou dívidas em discussão judicial para justificar o pedido de falência.

Um exemplo notório é o REsp n. 1.153.841/SP, no qual o STJ reconheceu que a utilização da falência como meio de coação é inadmissível, reforçando a necessidade de observar os princípios da boa-fé e da função social da empresa.

Os atos de falência, por sua natureza subjetiva, exigem uma análise detalhada das circunstâncias que envolvem o comportamento do devedor. Exemplos incluem a dilapidação patrimonial e a realização de negócios simulados. Tais condutas não apenas violam a confiança dos credores, mas também configuram ilícitos civis e penais, como previsto no art. 168 do Código Penal.

Fran Martins (2019b, p. 312) destaca que "o elemento subjetivo é crucial para distinguir um ato de gestão ineficaz de uma prática fraudulenta que justifique a falência".

A presunção de insolvência com base na inexistência de bens penhoráveis é, muitas vezes, uma presunção relativa. A doutrina e a jurisprudência têm alertado para a necessidade de cautela na decretação da falência com base nessa hipótese, especialmente em casos em que o devedor demonstra possuir bens futuros ou créditos a receber.

O processo de falência, estruturado em várias etapas, busca equilibrar eficiência processual e garantia de direitos. A seguir, analisaremos as peculiaridades de cada fase.

11.1.1 Fase postulatória

A fase inicial é marcada pela apresentação da petição de falência. É nessa etapa que o juiz verifica o preenchimento dos requisitos formais e materiais do pedido. Em situações de contestação, podem ser exigidas provas complementares, como a demonstração da liquidez da dívida ou a comprovação de atos de falência.

Um ponto relevante é a possibilidade de conversão do pedido de falência em recuperação judicial, nos termos do art. 95 da Lei n. 11.101/2005. Essa alternativa visa preservar a empresa em funcionamento, sempre que houver viabilidade econômica.

O pedido inicial é a porta de entrada do processo. Nessa fase, o devedor deve apresentar uma série de documentos que comprovem sua condição de crise e a viabilidade de recuperação. Entre os documentos exigidos estão:

- demonstrações financeiras dos últimos três exercícios;
- relação de credores e respectivas dívidas;
- relação de bens e ativos;
- descrição das causas que levaram à crise.

11.1.2 Formação da massa falida

A massa falida é composta por todos os bens e direitos do devedor que podem ser utilizados para satisfazer os credores. Entretanto, a identificação e a recuperação desses bens enfrentam desafios práticos, como:

- **Fraudes patrimoniais**: transferências fraudulentas ou simuladas para terceiros.
- **Localização de ativos ocultos**: utilização de estruturas societárias complexas para esconder bens.

O art. 130 da Lei n. 11.101/2005 confere ao administrador judicial poderes para requerer a anulação de atos fraudulentos, fortalecendo a proteção da massa falida.

11.1.3 Verificação e classificação dos créditos

A fase de habilitação de créditos é frequentemente marcada por litígios, especialmente em relação à classificação e aos valores reconhecidos. Credores podem questionar a inclusão ou exclusão de créditos, gerando a necessidade de perícias contábeis e decisões judiciais.

O plano de recuperação é o coração do processo, pois nele o devedor detalha as medidas que serão adotadas para superar a crise. Essas medidas podem incluir:

- renegociação de dívidas com credores;
- descontos e prazos diferenciados (deságio e carência);
- alienação parcial de ativos;
- reestruturação societária.

O plano deve ser apresentado em até 60 dias após o deferimento do processamento da recuperação judicial. Caso o plano não seja apresentado nesse prazo ou seja rejeitado pelos credores, o juiz poderá decretar a falência da empresa.

Assembleia de Credores

A Assembleia de Credores é um dos momentos mais importantes do processo, pois é nela que o plano de recuperação é analisado e votado. Os credores são divididos em classes, e a aprovação do plano exige quóruns específicos previstos na lei. Essa estruturação visa equilibrar os interesses de diferentes categorias de credores.

A possibilidade de *cram down* – homologação judicial de planos rejeitados por uma classe minoritária – é uma inovação relevante, mas também controversa. Essa medida busca evitar que credores minoritários prejudiquem a viabilidade de planos aprovados pela maioria, mas exige criteriosa avaliação judicial para evitar abusos.

11.1.4 Homologação judicial e execução do plano

Após a aprovação do plano pela assembleia de credores, cabe ao juiz homologar a decisão, analisando sua conformidade com a legislação. A homologação não permite a análise do mérito econômico, mas apenas a legalidade do plano.

A execução do plano é acompanhada por um administrador judicial, que fiscaliza o cumprimento das medidas acordadas. Esse acompanhamento é essencial para garantir que o devedor respeite os termos aprovados pelos credores.

Quanto à realização do **ativo**, a alienação dos bens da massa falida deve seguir princípios como publicidade e competitividade. A utilização de novas tecnologias, como leilões *on-line*, tem ampliado a transparência e a eficiência desse processo.

11.1.5 Encerramento

O encerramento da falência exige a comprovação de que todos os ativos foram alienados e os créditos pagos ou extintos. Em alguns casos, como na inexistência de bens, a falência pode ser encerrada por insuficiência de recursos.

A **ordem de prioridade dos créditos**, estabelecida no art. 83 da Lei n. 11.101/2005, é objeto de intensos debates. Os créditos trabalhistas lideram a lista, com limites que buscam evitar prejuízos excessivos aos empregados. Contudo, a posição de outros créditos, como os tributários, é frequentemente criticada.

A priorização dos **créditos trabalhistas** é justificada pelo princípio da dignidade da pessoa humana, mas limitações legais, como o teto de 150 salários-mínimos, geram insatisfações. Já os créditos com garantia real demonstram a força do sistema de garantias contratuais, essencial para o funcionamento do mercado de crédito.

A posição privilegiada dos **créditos tributários** é alvo de críticas, especialmente porque sua inclusão em posições elevadas pode comprometer a satisfação de outros credores. Rubens Requião (2019, p. 510) defende que "a ordem de prioridades deve ser revisada para garantir maior equilíbrio entre os interesses fiscais e privados".

Os impactos da falência transcendem os interesses individuais das partes envolvidas. Sua análise exige uma abordagem sistêmica, que considere aspectos econômicos, sociais e políticos.

A falência é uma das principais causas de demissões em massa, afetando não apenas os trabalhadores diretos, mas também suas famílias e comunidades locais.

A interrupção das atividades empresariais prejudica cadeias produtivas inteiras, impactando fornecedores, clientes e parceiros comerciais. A redução na arrecadação tributária e os custos associados à administração judicial e à supervisão dos processos de falência representam desafios para o Poder Público.

11.2 Recuperação judicial

A recuperação judicial é o mecanismo mais abrangente e estruturado previsto na Lei n. 11.101/2005 – Lei de Recuperação Judicial e Extrajudicial e de Falência (LREF) – para reestruturar empresas em crise. Ela é iniciada mediante requerimento do devedor, que deve demonstrar sua situação de insolvência iminente ou atual e apresentar os documentos exigidos pelo art. 51 da LREF, incluindo balanços contábeis, relação de credores e proposta de plano de recuperação.

O processo de recuperação judicial é dividido em diversas etapas. Após o deferimento do pedido inicial, o juiz nomeia um administrador judicial, cuja função é auxiliar na condução do processo e fiscalizar as atividades do devedor. O ponto central do procedimento é a apresentação e aprovação do plano de recuperação, que deve conter as medidas a serem adotadas para superar a crise, como renegociação de dívidas, alienação de bens e reestruturação organizacional. A aprovação do plano depende da anuência da Assembleia Geral de Credores, em que são levados em consideração os interesses dos diferentes grupos de credores, classificados em trabalhistas, com garantia real, quirografários e demais credores.

O procedimento de recuperação judicial inicia-se com o pedido formulado pelo próprio devedor, que deve demonstrar de maneira clara e objetiva sua incapacidade momentânea de honrar os compromissos assumidos. Para tanto, o devedor deve apresentar os documentos elencados no art. 51 da Lei n. 11.101/2005, que incluem demonstrações financeiras, a relação de credores e os documentos societários, além de outros dados que evidenciem a viabilidade do negócio e a boa-fé do pleito. A instrução adequada do pedido é essencial para a admissão da recuperação judicial pelo juízo competente.

Admitido o processamento da recuperação judicial, há a suspensão automática das ações e execuções contra o devedor pelo prazo de 180 dias, conforme disposto no art. 6º da referida lei. Essa suspensão, denominada *stay period*, tem como objetivo evitar o desmembramento do patrimônio da empresa e assegurar condições para a elaboração de um plano de recuperação. Durante esse período, o devedor deve apresentar o plano aos credores, detalhando as medidas a serem adotadas para a superação da crise, bem como as condições de pagamento das dívidas.

O plano de recuperação judicial consiste em um documento central para o sucesso do procedimento, uma vez que especifica os meios de recuperação da empresa, como renegociação de dívidas, redução de encargos financeiros, aumento de capital, venda de ativos, fusões, cisões ou outras operações societárias. A aprovação desse plano pelos credores em Assembleia Geral é uma etapa essencial do processo. A lei brasileira estabelece regras claras sobre a formação das classes de credores e os quóruns necessários para a deliberação.

Caso o plano seja aprovado pelos credores e homologado pelo juiz, o devedor inicia sua execução, sob supervisão judicial e acompanhamento do administrador judicial. Nesse contexto, o administrador desempenha um papel fundamental, atuando como um intermediário entre o devedor, os credores e o Judiciário, garantindo transparência e fiscalização durante todo o processo.

Se, por outro lado, o plano for rejeitado pelos credores, a lei prevê a convolação da recuperação judicial em falência. Nesse caso, o patrimônio da empresa será liquidado para pagamento dos credores, observando-se a ordem de preferência estabelecida na legislação. Essa possibilidade destaca a importância de um plano bem estruturado e da negociação com os credores para evitar o desfecho falimentar.

A recuperação judicial tem se consolidado como uma ferramenta eficaz para a reestruturação de empresas em crise no Brasil. Contudo, o procedimento não está isento de críticas. Um dos principais desafios enfrentados é o desequilíbrio de poder entre grandes credores financeiros e pequenos credores, o que pode comprometer a equidade na negociação do plano. Além disso, há queixas recorrentes sobre a demora na tramitação dos processos, que muitas vezes resultam em prejuízos adicionais à empresa devedora.

Recentemente, a Lei n. 14.112/2020 introduziu significativas alterações na Lei n. 11.101/2005, com vistas a modernizar o procedimento de recuperação judicial e torná-lo mais eficiente. Entre as inovações, destacam-se a previsão de mediação e conciliação como meios alternativos de resolução de conflitos, o incentivo ao financiamento de empresas em recuperação judicial e a regulamentação de mecanismos mais flexíveis para negociação de dívidas.

Em suma, o procedimento de recuperação judicial no Brasil reflete o equilíbrio entre os interesses dos credores e a necessidade de preservar empresas viáveis, respeitando os princípios da boa-fé e da função social da empresa. Embora ainda existam desafios a serem superados, a evolução legislativa e a aplicação prática desse instituto demonstram seu potencial para contribuir significativamente para a estabilidade econômica e o desenvolvimento do país.

Apesar de sua relevância, um dos desafios da recuperação judicial é o custo elevado do processo, que inclui honorários advocatícios, taxas judiciais e despesas administrativas. Além disso, a morosidade judicial pode comprometer a eficácia da recuperação, especialmente em situações em que a crise econômica exige soluções rápidas. Gladston Mamede (2020, p. 483) observa que "os altos custos e a lentidão processual têm limitado o acesso das pequenas e médias empresas ao benefício da recuperação judicial, perpetuando desigualdades no sistema".

11.3 Recuperação extrajudicial

A recuperação extrajudicial, prevista nos arts. 161 a 167 da LREF, é uma alternativa menos formal e mais ágil em relação à recuperação judicial. Essa modalidade permite que o devedor negocie diretamente com seus credores, sem a necessidade de intervenção judicial em todas as etapas. No entanto, para garantir segurança jurídica às partes envolvidas, o plano de recuperação extrajudicial deve ser homologado pelo juiz.

Embora seja uma alternativa promissora, a recuperação extrajudicial ainda é pouco utilizada no Brasil. Isso se deve, em parte, à resistência cultural à negociação direta e à dificuldade em alcançar consenso entre os credores, especialmente quando há interesses conflitantes. Mesmo assim, essa modalidade apresenta vantagens, como a redução de custos e a maior celeridade na resolução de conflitos.

A Lei n. 14.112/2020 trouxe uma série de alterações à LREF, com o objetivo de modernizar e agilizar os processos de recuperação e falência. Entre as inovações mais relevantes, destaca-se o financiamento do devedor em recuperação judicial, conhecido como *DIP Financing (Debtor-in-Possession Financing)*. Esse mecanismo busca atrair investidores ao conceder privilégios aos financiadores, incentivando a injeção de recursos nas empresas em crise.

Outra mudança significativa foi a introdução de procedimentos simplificados para micro e pequenas empresas, com a criação de um plano especial de recuperação judicial. Essas medidas visam ampliar o acesso ao instituto e reduzir as desigualdades existentes no sistema.

A análise de casos concretos é fundamental para compreender as potencialidades e limitações da recuperação de empresas no Brasil. Exemplos de sucesso, como o caso da Oi S.A., demonstram como um plano bem estruturado e a cooperação entre as partes podem garantir a sobrevivência de grandes corporações. Por outro lado, casos de insucesso, como o da Varig, evidenciam os desafios associados à falta de viabilidade econômica e à resistência dos credores.

A recuperação de empresas gera impactos que vão além da esfera jurídica, contribuindo para a preservação de empregos, o fortalecimento da arrecadação tributária e a estabilidade do mercado. Ao evitar o encerramento de atividades empresariais, a recuperação judicial e extrajudicial exercem papel central na promoção do desenvolvimento sustentável.

Portanto, a recuperação de empresas é um instrumento indispensável para a preservação da atividade econômica e a promoção da justiça social no Brasil. Apesar dos avanços legislativos, o instituto ainda enfrenta desafios práticos que demandam aprimoramento contínuo. A análise crítica da doutrina e da jurisprudência será fundamental para o fortalecimento desse mecanismo, garantindo sua efetividade em um contexto econômico cada vez mais dinâmico.

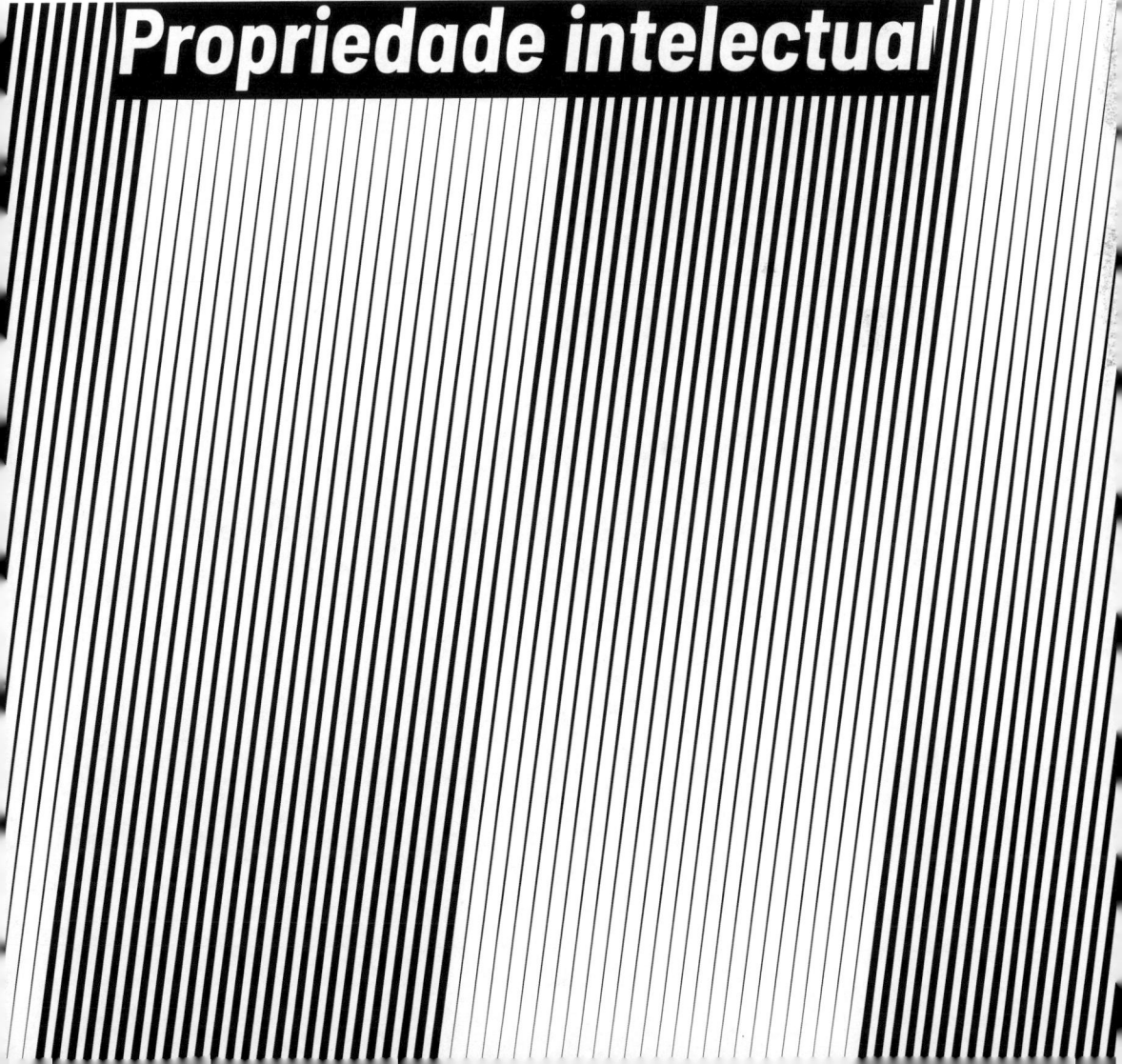

Capítulo 12
Propriedade intelectual

A propriedade intelectual é uma área do Direito que se destaca pela sua complexidade e relevância no cenário jurídico e econômico contemporâneo. Refere-se à proteção de criações intelectuais, abrangendo bens imateriais com valor econômico e cultural significativo. No Brasil, a regulamentação da propriedade intelectual reflete a busca por um equilíbrio entre os direitos exclusivos dos criadores e o interesse público em promover o desenvolvimento científico, tecnológico e cultural. Esse equilíbrio é fundamental para a construção de uma sociedade baseada no conhecimento, onde a inovação desempenha papel central no progresso humano.

A Constituição Federal de 1988 dá destaque à propriedade intelectual em diversos dispositivos. No art. 5º, incisos XXVII a XXIX, estabelece a proteção aos autores de obras intelectuais, inventores de criações industriais e o reconhecimento da função social da propriedade intelectual. Esses preceitos evidenciam a intenção do legislador constituinte de consolidar um sistema que proteja os direitos dos criadores enquanto fomenta o desenvolvimento e o acesso ao conhecimento.

> Denis Borges Barbosa (2022, p. 19) ressalta que "a propriedade intelectual no Brasil, como em muitos países, transcende a proteção individual, constituindo-se como um instrumento estratégico para o progresso econômico e social".

No campo jurídico, a propriedade intelectual divide-se tradicionalmente em dois grandes ramos: os direitos autorais, que protegem obras artísticas, literárias e científicas, e a propriedade industrial, que abrange bens como patentes, marcas, desenhos industriais e segredos industriais. Essa divisão permite maior clareza na aplicação do direito, mas também suscita desafios em um mundo onde as fronteiras entre criações artísticas e inovações tecnológicas se tornam cada vez mais tênues.

12.1 Direitos autorais

Os direitos autorais são regulados no Brasil pela Lei n. 9.610/1998, que estabelece normas abrangentes sobre a proteção de obras literárias, artísticas e científicas. Essa legislação contempla tanto os direitos morais quanto os patrimoniais dos autores. Os direitos morais são inalienáveis e imprescritíveis, garantindo o reconhecimento da autoria e a integridade da obra. Os direitos patrimoniais, por outro lado, conferem ao autor a exclusividade na exploração econômica de sua criação, permitindo-lhe autorizar ou proibir sua reprodução, distribuição e adaptação.

A proteção conferida pelos direitos autorais tem papel fundamental na valorização do trabalho criativo, especialmente em setores como a indústria cultural, editorial e de *software*. Carlos Alberto Bittar (2022, p. 24) observa que "os direitos autorais expressam o vínculo entre a personalidade do criador e sua obra, sendo, portanto, indispensáveis para a preservação de sua integridade e reconhecimento".

Contudo, o avanço tecnológico e a expansão da internet trouxeram desafios significativos para o sistema de direitos autorais. A reprodução e distribuição não autorizada de obras tornaram-se práticas comuns no ambiente digital, gerando prejuízos aos autores e titulares de direitos. A Lei n. 12.965/2014, conhecida como Marco Civil da Internet, introduziu disposições importantes para lidar com essas questões, mas ainda há lacunas no enfrentamento da pirataria digital. Como destaca Patricia Peck Pinheiro (2021, p. 50), "a proteção de direitos autorais no ambiente digital exige uma abordagem que combine legislação, tecnologia e educação, para garantir o equilíbrio entre a proteção dos criadores e o acesso à informação".

12.2 Propriedade industrial

A propriedade industrial é um instrumento jurídico indispensável para promover a inovação, proteger os direitos dos criadores e fomentar o desenvolvimento econômico. No Brasil, a Lei da Propriedade Industrial (LPI) – Lei n. 9.279/1996 – oferece uma base sólida, mas a eficácia do sistema depende de sua capacidade de adaptação às demandas do mercado global e de enfrentamento aos desafios internos. Como destaca Fábio Ulhoa Coelho (2023, p. 294), "o fortalecimento da propriedade industrial é essencial para garantir a competitividade das empresas brasileiras, transformando o potencial criativo do país em um motor de progresso econômico e social".

Historicamente, a proteção à propriedade industrial no Brasil remonta ao século XIX, com a promulgação do Alvará de 1809, que concedia privilégios a inventores. Com o passar dos séculos, a legislação evoluiu, refletindo mudanças econômicas, sociais e tecnológicas. O marco inicial do sistema moderno de propriedade industrial no Brasil foi o Código da Propriedade Industrial de 1971, que estabeleceu normas mais detalhadas sobre patentes e marcas, embora com limitações quanto à proteção de tecnologias emergentes e ao alinhamento com padrões internacionais.

Com a promulgação da LPI em 1996, o Brasil deu um passo significativo para modernizar seu arcabouço jurídico e harmonizá-lo com as exigências internacionais, especialmente as do TRIPS (Acordo sobre Aspectos dos Direitos de Propriedade Intelectual relacionados ao Comércio). Como observa Newton Silveira (2021, p. 36): "a Lei da Propriedade Industrial representa um divisor de águas na história do Direito industrial brasileiro, ao adotar critérios mais rigorosos para a concessão de patentes e assegurar maior segurança jurídica aos titulares de direitos".

No contexto contemporâneo, a propriedade industrial não se limita a proteger interesses individuais, mas também desempenha uma função estratégica no desenvolvimento econômico nacional. O incentivo à inovação tecnológica, a promoção da competitividade empresarial e a atração de investimentos estrangeiros são objetivos diretamente vinculados a um sistema eficiente de proteção da propriedade industrial.

12.2.1 Patentes

As patentes desempenham um papel crucial no sistema de propriedade intelectual, sendo um dos principais instrumentos de incentivo à inovação e ao desenvolvimento tecnológico. No Direito brasileiro, o regime de patentes é regulado pela Lei n. 9.279/1996. Essa legislação estabelece os requisitos, os procedimentos e as limitações para a concessão de patentes, bem como os direitos e as obrigações dos titulares. A seguir, examinaremos os principais aspectos do regime de patentes no Brasil, abordando os fundamentos jurídicos, os requisitos de patenteabilidade, o processo de concessão e os desafios enfrentados nos contextos nacional e internacional.

O regime de patentes se fundamenta na Constituição Federal de 1988, que, em seu art. 5º, inciso XXIX, assegura aos autores de inventos industriais a propriedade temporária de suas criações. Esse dispositivo reflete o reconhecimento do Estado sobre a importância de estimular a criatividade e a inovação, garantindo proteção legal aos inventores em troca da divulgação pública de suas invenções. A LPI detalha como esse princípio constitucional se concretiza, delimitando os critérios para que uma invenção seja considerada patenteável: novidade, atividade inventiva e aplicação industrial.

O requisito da novidade implica que a invenção não pode ter sido divulgada ou disponibilizada ao público antes da data de deposita da patente. Esse critério visa garantir que apenas criações verdadeiramente originais sejam protegidas. A atividade inventiva, por sua vez, exige que a invenção não seja óbvia para um técnico no assunto, considerando o estado da técnica. Esse requisito evita que soluções triviais ou meras melhorias sejam passíveis de patente. Finalmente, a aplicação industrial determina que a invenção deve ser passível de produção ou utilização em qualquer tipo de indústria, abrangendo desde setores tradicionais até a alta tecnologia.

O procedimento para concessão de patentes no Brasil é conduzido pelo Instituto Nacional da Propriedade Industrial (INPI). O processo inicia-se com o pedido de patente, que deve conter uma descrição detalhada da invenção, reivindicações que delimitam o escopo da proteção e, quando aplicável, desenhos explicativos. Após o protocolo, o pedido é submetido a um exame formal e, posteriormente, ao exame técnico, no qual são avaliados os requisitos de patenteabilidade. Caso aprovado, a patente é concedida, conferindo ao titular o direito exclusivo de exploração pelo prazo de 20 anos contados a partir da data de depósito.

A importância do INPI no processo de concessão de patentes não pode ser subestimada. Além de ser o órgão responsável por avaliar a conformidade dos pedidos com os requisitos legais, o INPI é essencial na promoção de uma cultura de inovação no Brasil. No entanto, sua atuação é frequentemente limitada por problemas estruturais, como a falta de pessoal especializado e de recursos financeiros adequados. Esses fatores contribuem para a lentidão no processamento de pedidos e representam um obstáculo significativo para o fortalecimento do sistema de patentes no país. Denis Borges Barbosa (2022, p. 263) afirma que "o atraso na análise de patentes compromete a competitividade das empresas nacionais, criando incertezas jurídicas e desestimulando investimentos".

Embora o sistema de patentes ofereça benefícios significativos, como a proteção aos inventores e o fomento à transferência de tecnologia, ele também enfrenta desafios consideráveis no Brasil. Um dos principais problemas é a morosidade no processamento dos pedidos de patente, resultante do alto volume de pedidos e da escassez de recursos do INPI. Esse atraso compromete a segurança jurídica e pode desestimular a inovação. Ademais, a complexidade das matérias tecnológicas e a necessidade de harmonização com tratados internacionais, como o TRIPS, representam desafios adicionais.

Outro aspecto relevante é o impacto social das patentes, especialmente em áreas sensíveis como saúde pública. O monopólio conferido pela patente pode levar ao aumento dos preços de medicamentos, dificultando o acesso a tratamentos essenciais. Nesse contexto, a LPI prevê mecanismos de limitação, como a possibilidade de concessão de licenças compulsórias em casos de interesse público, abuso de direito ou falta de exploração da invenção no território nacional. A licença compulsória, além de ser um instrumento de regulação do mercado, representa uma garantia de que o sistema de patentes não prejudicará o bem-estar coletivo.

A evolução da tecnologia também apresenta novos desafios ao regime de patentes. A proteção de inovações em campos como biotecnologia, inteligência artificial e *software* requer interpretações jurídicas que equilibram a promoção da inovação com o interesse público. Por exemplo, no caso de *software*, a LPI estabelece que programas de computador são protegidos pelos direitos autorais e não por patentes, exceto quando integrados a um sistema técnico. Essa distinção é fundamental para evitar ambiguidades legais e garantir a proteção adequada das criações tecnológicas.

No campo da biotecnologia, o regime de patentes enfrenta questões éticas e legais complexas. A proteção de organismos geneticamente modificados, sequências de DNA e métodos de manipulação genética suscita debates sobre os limites da propriedade intelectual e os potenciais impactos sobre a biodiversidade e a segurança alimentar. No Brasil, a legislação busca equilibrar esses interesses, estabelecendo restrições à patenteabilidade de seres vivos e garantindo que a exploração de tecnologias biotecnológicas esteja alinhada com o desenvolvimento sustentável.

Além disso, o Brasil enfrenta desafios específicos no campo internacional, como a necessidade de proteger inovações de origem nacional em mercados externos e de promover a transferência de tecnologia para setores produtivos internos. Nesse sentido, as estratégias de cooperação internacional e a implementação de políticas públicas são fundamentais para fortalecer o sistema de patentes e sua contribuição ao desenvolvimento econômico e social do país. Organismos como a Organização Mundial da Propriedade Intelectual (OMPI) desempenham um papel importante na promoção de boas práticas e na facilitação do acesso a informações tecnológicas.

Em síntese, o regime de patentes no Direito brasileiro é um instrumento essencial para fomentar a inovação e promover o desenvolvimento tecnológico. No entanto, sua efetividade depende de uma combinação de medidas que incluem o fortalecimento institucional do INPI, a harmonização com tratados internacionais, a adoção de políticas públicas que estimulem a pesquisa e o desenvolvimento e a promoção de um equilíbrio entre os direitos dos titulares de patentes e o interesse público. O enfrentamento dos desafios existentes é essencial para que o sistema de patentes cumpra seu papel como motor da inovação e do progresso no Brasil. A continuidade do debate acadêmico e político sobre o tema é crucial para assegurar que o regime de patentes se mantenha relevante e alinhado às demandas da sociedade contemporânea.

O procedimento para registro de patentes no Brasil, com validade universal, segue um conjunto de etapas regulamentadas pela Lei da Propriedade Industrial (LPI) – Lei n. 9.279/1996 – e está alinhado a tratados internacionais que visam garantir a proteção das invenções em outros territórios, como o Tratado de Cooperação em Matéria de Patentes (PCT).

As etapas do registro de patentes no Brasil são as seguintes:

- **Depósito do pedido de patente:** o processo se inicia com o depósito do pedido junto ao Instituto Nacional da Propriedade Industrial (INPI). Esse pedido deve conter:
  - relatório descritivo: uma descrição clara e detalhada da invenção;
  - reivindicações: os limites da proteção pretendida pelo inventor;
  - desenhos técnicos (quando aplicável): para ilustrar aspectos da invenção;
  - resumo: uma síntese da invenção;
  - comprovante de pagamento da taxa correspondente.

- **Exame formal:** o INPI realiza uma análise formal para verificar se toda a documentação necessária foi apresentada corretamente. Caso haja irregularidades, o solicitante é notificado para realizar as correções no prazo estipulado.
- **Publicação do pedido:** após 18 meses do depósito, o pedido é publicado na *Revista da Propriedade Industrial* (RPI), tornando-se acessível ao público. Esse prazo pode ser antecipado mediante solicitação do requerente.
- **Exame técnico:** o exame técnico deve ser solicitado pelo depositante em até 36 meses após o depósito do pedido. Nessa etapa, o INPI verifica o atendimento aos requisitos de patenteabilidade: novidade, atividade inventiva e aplicação industrial.
- **Decisão:** com base no exame, o INPI pode conceder ou rejeitar a patente. Caso concedida, o titular deverá pagar as anuidades para manter a validade da patente durante o prazo de proteção.
- **Validade da patente:** no Brasil, a patente é válida por 20 anos (para invenções) ou 15 anos (para modelos de utilidade) a contar da data do depósito. Durante esse período, o titular detém o direito exclusivo de exploração comercial da invenção.

Para obter **validade internacional**, o titular de uma patente brasileira pode recorrer a mecanismos como o PCT ou tratados bilaterais. O PCT permite que o inventor realize um único pedido internacional, que será validado nos países designados, conforme suas legislações locais. Para tanto, o pedido inicial deve ser protocolado no INPI, que atua como escritório receptor.

Procedimento pelo PCT:

- **Depósito internacional:** o inventor realiza o depósito no INPI, indicando os países onde pretende obter proteção.
- **Pesquisa internacional:** um Relatório de Pesquisa Internacional é emitido, indicando o estado da técnica relacionado à invenção.
- **Fase nacional:** o pedido entra na fase nacional em cada país designado, onde será avaliado segundo as normas locais.

O procedimento descrito é essencial para assegurar os direitos do inventor no Brasil e em outros países, promovendo a inovação e a proteção internacional de criações tecnológicas.

12.2.2 Marcas

As marcas desempenham uma função essencial no mercado ao identificarem produtos e serviços e distinguirem-nos dos concorrentes. Segundo a LPI, a marca deve ser visualmente perceptível e ter caráter distintivo, ou seja, deve ser capaz de individualizar o produto ou serviço de maneira inequívoca. O registro de uma marca confere ao titular o direito de uso exclusivo em todo o território nacional, garantindo-lhe proteção contra imitações e usos indevidos.

A proteção às marcas é crucial para preservar a lealdade dos consumidores e incentivar os investimentos em qualidade e inovação. Fran Martins (2019, p. 278) ressalta que "a marca é um dos ativos mais valiosos de uma empresa, representando sua credibilidade e identidade perante o mercado". Por outro lado, o uso indevido de marcas, como em casos de falsificação, prejudica tanto os titulares quanto os consumidores, que podem ser induzidos a erro.

No Brasil, o sistema de registro de marcas segue o princípio da territorialidade, o que significa que a proteção é válida apenas no território nacional. Para facilitar a proteção internacional, o Brasil aderiu ao Protocolo de Madri, permitindo que empresas registrem suas marcas simultaneamente em diversos países de modo simplificado. Essa medida fortaleceu a integração do Brasil no comércio global, ampliando as oportunidades de negócios para empresas nacionais.

O procedimento para registro de marcas no Brasil é regulamentado pela LPI e executado pelo INPI. O registro confere ao titular o direito exclusivo de uso da marca em todo o território nacional e, para ampliar a proteção internacional, o Brasil adota o Protocolo de Madri, um tratado que simplifica o registro de marcas em vários países simultaneamente.

As etapas do registro de marcas no Brasil são:

- **Busca prévia (opcional)**: antes de protocolar o pedido, recomenda-se realizar uma busca prévia no banco de dados do INPI para verificar a existência de marcas idênticas ou similares já registradas. Essa etapa ajuda a reduzir o risco de indeferimento do pedido.
- **Depósito do pedido**: o registro é iniciado com o depósito do pedido junto ao INPI, que deve conter:
    - requerimento preenchido com os dados do solicitante;
    - representação da marca (logotipo ou nome);
    - indicação da classe de atividade relacionada ao uso da marca, conforme a Classificação de Nice;
    - comprovante de pagamento das taxas correspondentes.
- **Exame formal e publicação**: o INPI realiza um exame formal para verificar a conformidade documental do pedido. Aprovado nessa etapa, o pedido é publicado na *Revista da Propriedade Industrial* (RPI), permitindo que terceiros apresentem oposição no prazo de 60 dias.
- **Exame substantivo**: o INPI avalia o atendimento aos requisitos legais para o registro, incluindo distintividade, licitude e inexistência de conflito com marcas já registradas. Constatada a regularidade, o registro é deferido.
- **Concessão e vigência**: após o deferimento, o titular deve pagar a taxa de concessão e emitir o certificado de registro. O registro é válido por 10 anos, renovável por períodos sucessivos de igual duração, mediante pagamento das taxas de renovação.

Quanto à **validade universal**, para proteger a marca internacionalmente, o Brasil adotou o Protocolo de Madri, que facilita o registro em múltiplos países de maneira centralizada. O procedimento consiste em:

- **Depósito nacional**: a marca deve ser registrada ou ter um pedido em andamento no INPI.
- **Solicitação internacional**: o titular solicita o registro internacional indicando os países-membros onde deseja proteção. Essa solicitação é feita por meio do INPI, que a encaminha à Organização Mundial da Propriedade Intelectual (OMPI).
- **Exame nos países designados**: cada país realiza o exame conforme suas normas locais. Uma vez aprovado, a marca passa a gozar de proteção nesses territórios.
- **Renovação internacional**: a validade inicial do registro internacional é de 10 anos, podendo ser renovada diretamente junto à OMPI.

O registro de marcas é essencial para proteger a identidade de produtos e serviços, assegurando direitos exclusivos ao titular e fortalecendo a competitividade no mercado global.

12.2.3 Desenhos industriais e indicações geográficas

Os desenhos industriais referem-se à forma ornamental de um produto, combinando elementos estéticos e funcionais. Eles são protegidos pelo sistema de propriedade industrial para incentivar a inovação no *design* de produtos, permitindo que as empresas diferenciem seus itens no mercado. A proteção dura inicialmente 10 anos, podendo ser prorrogada por mais 15 anos.

Por sua vez, as indicações geográficas identificam produtos cuja qualidade ou reputação está diretamente vinculada à sua origem geográfica. Elas são particularmente relevantes para setores como o agrícola e o artesanal, onde as características locais, como solo, clima e métodos de produção, influenciam diretamente a qualidade do produto. Exemplos brasileiros incluem o queijo da Canastra e o café do Cerrado Mineiro.

Apesar dos avanços legislativos, o sistema de propriedade industrial no Brasil enfrenta desafios significativos. A morosidade nos processos administrativos, o déficit de recursos no INPI e a insuficiência de campanhas de conscientização sobre a importância da propriedade industrial são problemas recorrentes. Além disso, a pirataria e a falsificação de produtos representam ameaças contínuas, exigindo maior articulação entre o poder público e o setor privado.

Por outro lado, as recentes inovações legislativas, como a adesão ao Protocolo de Madri e a Lei n. 14.195/2021, que visa modernizar os procedimentos administrativos, indicam uma evolução promissora. O fortalecimento do INPI e a ampliação de parcerias internacionais são passos fundamentais para consolidar o sistema de propriedade industrial no Brasil.

Registro de desenhos industriais no Brasil

O registro de desenhos industriais também é regulamentado pela Lei da Propriedade Industrial e realizado junto ao INPI. Desenho industrial refere-se à forma plástica ornamental de um objeto ou ao conjunto ornamental aplicado a um produto que possa servir de modelo industrial.

Procedimento de registro de desenhos industriais:

- **Depósito do pedido**: o pedido deve conter:
    - formulário preenchido;
    - representação gráfica ou fotografia do desenho industrial;
    - relatório descritivo opcional;
    - comprovante de pagamento da taxa.

- **Exame formal**: o INPI verifica a conformidade documental e a adequação do pedido às exigências legais.
- **Publicação e deferimento**: o registro é publicado na RPI e, não havendo oposições ou irregularidades, é concedido.
- **Vigência**: o registro é válido por 10 anos, prorrogáveis por três períodos consecutivos de 5 anos cada, totalizando 25 anos.

Quanto à **validade internacional**, o Brasil não é signatário de tratados específicos para desenhos industriais como o Protocolo de Madri, mas a proteção pode ser obtida em outros países mediante depósito local ou via tratados como o Acordo de Haia, caso aplicável.

Registro de indicações geográficas no Brasil

As indicações geográficas (IGs) são regulamentadas pela LPI e designam produtos ou serviços característicos de uma região específica, vinculados à sua reputação ou qualidade.

Procedimento de registro de IGs:

- **Depósito do pedido**: o pedido deve ser feito por associações ou entidades representativas e incluir:
    - documentação comprovando a relação do produto com a região;
    - delimitação geográfica;
    - comprovante de pagamento da taxa.

- **Exame**: o INPI avalia se os requisitos legais para o reconhecimento da IG foram atendidos.
- **Concessão**: após deferimento, a IG é registrada e publicada na RPI.

Quanto à **validade internacional**, para reconhecimento internacional de IGs, o Brasil pode utilizar tratados como o Acordo de Lisboa ou acordos bilaterais com outros países.

Esses procedimentos são fundamentais para proteger tanto a identidade visual dos produtos quanto a origem geográfica, garantindo segurança jurídica e valor agregado no mercado global.

12.3 Lei de Proteção de *Software*

A legislação brasileira referente à proteção de *software* é um marco significativo no ordenamento jurídico do país, proporcionando um ambiente seguro para o desenvolvimento tecnológico e incentivando a inovação. A Lei n. 9.609, de 19 de fevereiro de 1998, conhecida como Lei do *Software*, é a principal norma reguladora nesse âmbito, estabelecendo os direitos e deveres relacionados ao desenvolvimento, à distribuição e ao uso de programas de computador no Brasil.

Antes da edição da Lei n. 9.609/1998, o Brasil enfrentava desafios significativos em relação à regulamentação do *software*. Durante as décadas de 1980 e 1990, a ausência de uma legislação específica gerava incertezas quanto à proteção jurídica de programas de computador. Embora os *softwares* fossem tratados como obras protegidas por direitos autorais, não havia disposições claras quanto às especificidades dessa categoria.

Com o advento da Lei do *Software*, o Brasil passou a contar com um instrumento jurídico que conferiu segurança jurídica aos criadores e detentores de direitos de programas de computador, fomentando o investimento no setor de tecnologia.

A Lei do *Software* também reflete compromissos assumidos pelo Brasil em tratados internacionais, como o Acordo sobre Aspectos dos Direitos de Propriedade Intelectual Relacionados ao Comércio (TRIPS). Esses tratados reforçaram a necessidade de uma legislação específica e robusta para garantir a proteção de software em um cenário globalizado.

O art. 1º da Lei do *Software* assim define programa de computador:

> Art. 1º Programa de computador é a expressão de um conjunto organizado de instruções em linguagem natural ou codificada, contida em suporte físico de qualquer natureza, de emprego necessário em máquinas automáticas de tratamento da informação, dispositivos, instrumentos ou equipamentos periféricos, baseados em técnica digital ou análoga, para fazê-los funcionar de modo e para fins determinados. (Brasil, 1998)

Essa definição ampla assegura que diversas formas de *software* sejam abrangidas pela proteção legal, contemplando tanto aplicações comerciais quanto programas de código aberto, desde que atendam aos requisitos de originalidade e autoria.

A Lei n. 9.609/1998 estabelece que os direitos sobre *software* são regidos pelos princípios dos direitos autorais, em conformidade com a Lei n. 9.610/1998. Essa abordagem reconhece o programa de computador como uma obra intelectual, garantindo proteção ao código-fonte e à estrutura do *software*.

O prazo de proteção concedido pela lei é de 50 anos, contados a partir de 1º de janeiro do ano subsequente à sua publicação ou criação. Esse período é significativo para garantir os direitos patrimoniais dos titulares, além de alinhar a legislação nacional com padrões internacionais.

A Lei do *Software* prevê medidas reparatórias em caso de violação de direitos. Isso inclui o pagamento de indenizações por danos materiais e morais aos titulares dos direitos.

Além das sanções civis, a legislação estabelece penalidades criminais para atos como a reprodução não autorizada de programas de computador. As penas podem variar de multas até prisão, dependendo da gravidade da infração.

A Lei n. 9.609/1998 representa um avanço significativo na regulação da proteção de *software* no Brasil, proporcionando um ambiente favorável ao desenvolvimento tecnológico e à inovação. Reiteramos, portanto, sua importância para o mercado nacional e sua relação com os direitos autorais e a propriedade intelectual.

Capítulo 13
Títulos de crédito

Os títulos de crédito, além de seu papel fundamental na circulação de riquezas, consolidam-se como instrumentos essenciais para a dinâmica econômica e a segurança nas relações comerciais. No Direito brasileiro, sua regulação encontra-se amplamente fundamentada em preceitos clássicos e na legislação extravagante, como o Código Civil de 2002, o Decreto n. 2.044/1908, a Lei Uniforme de Genebra de 1930 e a legislação específica para modalidades como cheques, duplicatas e cédulas de crédito. A doutrina os caracteriza como documentos necessários para o exercício de um direito literal e autônomo, com valor econômico intrínseco, conferindo aos credores a segurança de que a obrigação será cumprida e respeitando os princípios fundamentais que os regem.

Os princípios dos títulos de crédito – cartularidade, literalidade e autonomia – continuam sendo o alicerce de sua normatividade. A cartularidade, que se refere à materialidade do título como condição para o exercício do direito, apresenta desafios no contexto contemporâneo, marcado pela digitalização de transações e pela virtualização de documentos. A literalidade, que limita os direitos do credor ao que está expresso no título, assegura previsibilidade e segurança às partes envolvidas, permitindo que terceiros confiem naquilo que o título representa sem a necessidade de investigar relações subjacentes. Por fim, a autonomia desvincula o título de sua relação causal, garantindo que o portador de boa-fé possa exercer o direito de crédito independentemente de eventuais falhas no vínculo original.

> Segundo Fran Martins (2019b, p. 39), "a autonomia dos títulos de crédito assegura que sua circulação seja efetiva, promovendo confiança e estabilidade no mercado".

Um aspecto central da literalidade e da autonomia é a figura do endosso, que possibilita a transferência dos direitos incorporados ao título. O endosso pode ser pleno, quando transfere a titularidade integralmente, ou mandato, quando permite ao endossatário realizar atos em nome do endossante. Essa flexibilidade torna os títulos de crédito amplamente utilizáveis no financiamento de operações econômicas, permitindo que o credor original negocie o título em mercados secundários. Sérgio Campinho (2024, p. 317) salienta que "o endosso é um dos mecanismos mais sofisticados e eficientes do direito comercial, permitindo a ampliação da circulação de riquezas de maneira segura e confiável".

Entre os principais tipos de títulos de crédito no Brasil, destacam-se aqueles mais utilizados na prática comercial e bancária, como o cheque, a duplicata e a nota promissória. Cada um desses títulos tem regulamentação específica e cumpre funções distintas no cenário econômico. O cheque, regulado pela Lei n. 7.357/1985, é um instrumento de pagamento à vista que, apesar da redução em sua utilização em decorrência do advento de sistemas eletrônicos, ainda desempenha papel relevante em transações formais. A duplicata, por sua vez, é amplamente utilizada no comércio, representando um crédito oriundo de uma relação comercial ou de prestação de serviços, sendo regulamentada pela Lei n. 5.474/1968. Já a nota promissória, disciplinada pelo Decreto n. 2.044/1908 e pela Lei Uniforme, caracteriza-se pela promessa de pagamento feita diretamente pelo emitente ao beneficiário.

A duplicata, em particular, merece destaque como um instrumento fundamental para as transações comerciais a prazo. Sua emissão está vinculada a um vínculo causal, como uma nota fiscal ou um contrato, o que a distingue de outros títulos de crédito que não exigem comprovação de origem para sua validade. Esse vínculo torna a duplicata menos vulnerável a questionamentos jurídicos relacionados à sua origem, mas, ao mesmo tempo, exige maior atenção das partes quanto à formalização das obrigações subjacentes.

Os títulos de crédito eletrônicos representam uma evolução significativa no contexto jurídico e econômico contemporâneo. A Lei n. 14.195/2021 reconheceu a validade desses títulos, equiparando-os aos tradicionais. Essa mudança reflete a necessidade de adequar o sistema jurídico às demandas da economia digital, pois a desmaterialização dos documentos é uma realidade. No entanto, a implementação prática dessa inovação enfrenta desafios relacionados à segurança jurídica, à interoperabilidade de sistemas e à aceitação por parte dos agentes econômicos. Como observa Nelson Abrão (2018, p. 215), "os títulos de crédito eletrônicos não apenas substituem os papéis, mas também reconfiguram a forma como os direitos creditórios são exercidos e transferidos, exigindo novos paradigmas de controle e fiscalização".

Outro desafio contemporâneo é a execução de títulos de crédito no Brasil, que, embora dotados de força executiva extrajudicial, muitas vezes enfrentam entraves no âmbito judicial. A ação de execução, prevista no Código de Processo Civil, permite que o credor exija o cumprimento da obrigação diretamente, sem a necessidade de reconhecimento judicial prévio. No entanto, embargos apresentados pelos devedores podem retardar a satisfação do crédito, comprometendo a eficácia do título como instrumento de celeridade.

No âmbito internacional, os títulos de crédito brasileiros também precisam estar alinhados aos padrões globais para facilitar transações comerciais e financeiras. A adesão do Brasil a tratados internacionais, como a Convenção de Genebra e o TRIPS (Acordo sobre Aspectos dos Direitos de Propriedade Intelectual Relacionados ao Comércio), reforça o compromisso do país com a harmonização legislativa e a cooperação econômica. Contudo, a adaptação do sistema jurídico interno às exigências internacionais continua sendo um processo complexo, que exige ajustes contínuos e investimentos em capacitação institucional.

Por fim, os títulos de crédito enfrentam o desafio de manter sua relevância em um cenário de inovações tecnológicas e financeiras, como o surgimento de moedas digitais, *blockchain* e contratos inteligentes. Essas tecnologias oferecem novas possibilidades para a circulação de riquezas, mas também colocam em xeque a viabilidade de modelos tradicionais. Ainda que os títulos de crédito continuem sendo essenciais no Direito Empresarial, é crucial que o sistema jurídico evolua para integrar essas inovações, preservando os princípios fundamentais que sustentam a segurança e a confiabilidade desses instrumentos.

Os títulos de crédito são pilares indispensáveis do sistema financeiro e comercial brasileiro, apesar dos desafios significativos que exigem adaptações legislativas, tecnológicas e institucionais. Sua relevância está intrinsicamente ligada à capacidade de promover segurança, celeridade e eficiência nas transações, consolidando-se como instrumentos indispensáveis para a circulação de riquezas e o desenvolvimento econômico. Como sintetiza Fábio Ulhoa Coelho (2023, p. 77), "os títulos de crédito são uma combinação perfeita entre tradição e modernidade, permitindo que a economia se desenvolva em bases sólidas de confiança e previsibilidade".

13.1 Cheque

O cheque é uma das modalidades de título de crédito mais tradicionais e amplamente utilizadas no Brasil, regulado pela Lei n. 7.357/1985. Esse instrumento, de relevância nas relações econômicas, representa uma ordem de pagamento à vista, emitida pelo titular de uma conta bancária contra a instituição financeira na qual possui fundos ou limite de crédito disponíveis. Sua relevância no ordenamento jurídico e no cotidiano das relações comerciais está vinculada à sua praticidade, segurança e aceitação como forma de pagamento.

Do ponto de vista técnico, o cheque é um título formal, solene e abstrato, que incorpora uma ordem de pagamento. Para que ele seja válido, deve conter os elementos essenciais previstos no art. 1º da Lei do Cheque, entre eles a denominação "cheque", o valor a ser pago, o nome do sacado (instituição financeira), a assinatura do emitente (sacador) e a indicação de data e local de emissão. Fran Martins (2019c, p. 52) enfatiza que "o cheque é um título de crédito dotado de literalidade, autonomia e cartularidade, atributos que conferem segurança e previsibilidade às partes envolvidas". Esses princípios são centrais para o funcionamento do cheque no sistema jurídico brasileiro.

A **literalidade** do cheque assegura que os direitos dele decorrentes estejam estritamente limitados ao que nele está expresso. Assim, o banco não está obrigado a cumprir quaisquer condições que não estejam consignadas no título. Por exemplo, se o emitente combina verbalmente com o beneficiário que o cheque será pago em uma data futura, tal acordo não é oponível à instituição financeira. Essa característica visa proteger o sacado e os endossatários, garantindo que o título seja interpretado exclusivamente pelo que consta em seu texto. Sérgio Campinho (2024, p. 335) observa que "a literalidade confere clareza e segurança nas relações comerciais, eliminando ambiguidades e potenciais conflitos".

Outro princípio relevante é a **autonomia**, que desvincula o cheque das relações jurídicas subjacentes. Isso significa que, uma vez transferido, o cheque pode ser cobrado pelo portador de boa-fé independentemente de eventuais questões entre o emitente e o beneficiário original. Essa característica é especialmente importante em negociações comerciais, pois permite que o título circule amplamente, facilitando o crédito e a liquidez. Arnaldo Rizzardo (2021, p. 53) pontua que "a autonomia do cheque garante sua eficácia como instrumento de pagamento, protegendo os interesses do portador legítimo em face de disputas que possam surgir entre as partes originais".

A **cartularidade** do cheque, por sua vez, estabelece que o direito ao crédito está incorporado ao documento físico. Isso significa que o portador deve apresentar o cheque ao sacado para exercer seu direito. Contudo, no contexto contemporâneo, esse princípio tem sido desafiado pela digitalização das transações financeiras. A compensação eletrônica de cheques, regulada pela Lei n. 12.865/2013, permite que a liquidação do título ocorra sem a apresentação física, mantendo, no entanto, o princípio essencial de que o direito é exercido mediante a posse legítima do título. Fábio Ulhoa Coelho (2023, p. 60) observa que "a desmaterialização do cheque como documento físico representa uma adaptação necessária ao contexto tecnológico, sem, contudo, alterar os princípios fundamentais que sustentam sua natureza jurídica".

No que diz respeito à **função econômica**, o cheque caracteriza-se como importante meio de pagamento. Ele é amplamente utilizado em transações comerciais e financeiras em razão de sua aceitação como substituto do dinheiro em espécie. Além disso, o cheque pós-datado, embora não regulamentado expressamente pela legislação, tornou-se prática comum no Brasil, funcionando como um instrumento informal de crédito. Apesar de sua validade jurídica ser reconhecida pela doutrina e pela jurisprudência, a apresentação antecipada do cheque pode gerar controvérsias. Nelson Abrão (2018, p. 254) explica que "o cheque pós-datado reflete a adaptação do título de crédito às necessidades práticas do mercado, mas sua eficácia depende do respeito à boa-fé e aos usos comerciais".

A execução do cheque no sistema jurídico brasileiro também merece destaque. Como título executivo extrajudicial, ele permite a cobrança direta por meio de ação de execução, desde que esteja revestido dos requisitos formais e seja apresentado dentro do prazo legal. O art. 59 da Lei do Cheque estabelece que o prazo de apresentação varia conforme o local de emissão e o local de pagamento, sendo de 30 dias para cheques emitidos e pagos no mesmo município e de 60 dias para os emitidos em municípios diferentes. Caso o cheque não seja apresentado dentro desses prazos, perde a força executiva, mas continua sendo válido como documento probatório de dívida. Nesse sentido, Fábio Ulhoa Coelho (2023, p. 72) salienta que "a força executiva do cheque é um dos elementos que garantem sua eficácia como instrumento jurídico e econômico, mas seu uso exige atenção aos prazos e requisitos legais".

No entanto, o cheque enfrenta desafios significativos no contexto contemporâneo. A digitalização das transações financeiras, o crescimento dos pagamentos eletrônicos e o surgimento de tecnologias como PIX e cartões de crédito reduziram consideravelmente o uso do cheque como meio de pagamento. Apesar disso, ele ainda é importante em segmentos específicos da economia, como no comércio informal e nas transações que demandam garantias adicionais.

Adicionalmente, o cheque também apresenta riscos inerentes, como a possibilidade de emissão sem provisão de fundos, prática conhecida como emissão de "cheque sem fundos" ou "cheque frio". Para coibir essa conduta, a legislação prevê penalidades administrativas, como a inclusão do emitente no Cadastro de Emitentes de Cheques sem Fundos (CCF), além de sanções civis e penais, como a tipificação da emissão de cheque sem provisão como crime de estelionato, nos termos do art. 171 do Código Penal.

A modernização do cheque no Brasil depende da capacidade do sistema jurídico de adaptar-se às transformações tecnológicas e às demandas da economia digital. A compensação eletrônica e a regulamentação dos cheques digitais são exemplos de inovações que preservam a relevância desse instrumento no contexto atual. No entanto, é necessário equilibrar a flexibilidade proporcionada pela tecnologia com a manutenção dos princípios jurídicos que garantem sua segurança e eficácia. Nelson Abrão (2018, p. 266) conclui que "o futuro do cheque no Brasil dependerá de sua capacidade de se reinventar, preservando sua essência jurídica enquanto se adapta às novas realidades econômicas e tecnológicas".

O cheque, embora em declínio no volume de utilização, permanece como um instrumento jurídico e econômico relevante no Brasil. Sua importância decorre da simplicidade, praticidade e segurança que oferece nas transações financeiras, características que continuam a assegurar seu papel em determinados contextos. Contudo, sua sobrevivência no longo prazo exige não apenas inovação tecnológica, mas também esforços para educar as partes envolvidas sobre suas possibilidades, limitações e responsabilidades.

13.2 Letra de câmbio

A letra de câmbio, enquanto título de crédito, é um instrumento jurídico que transcende sua função econômica, representando um marco na evolução do Direito Comercial. Regulada por normas específicas que buscam assegurar sua função de circulação de riquezas, a letra de câmbio se destaca pelo rigor formal e pela segurança jurídica que proporciona às partes envolvidas. No contexto do Direito brasileiro, é regida pela Lei Uniforme de Genebra, que estabelece padrões internacionais para sua emissão e execução.

O aprofundamento da análise desse instituto revela sua complexidade e importância, tanto na teoria quanto na prática. Buscaremos, aqui, explorar não apenas os aspectos técnicos da letra de câmbio, mas também sua relevância histórica e seu impacto no ordenamento jurídico nacional.

O surgimento da letra de câmbio remonta à Idade Média, em um contexto de expansão do comércio internacional, quando comerciantes enfrentavam o desafio de transportar valores com segurança. Sua concepção inicial tinha como objetivo a substituição do transporte físico de moedas por um sistema de ordens de pagamento emitidas entre cidades e países. Segundo Alfredo de Assis Gonçalves Neto (2023, p. 98), "a letra de câmbio, em sua origem, era essencialmente um instrumento de confiança mútua, mediado pela figura do banqueiro, que garantiu sua legitimidade nos primórdios".

No Brasil, a letra de câmbio foi introduzida durante o período colonial, acompanhando as práticas comerciais europeias. Sua normatização, no entanto, consolidou-se com o Código Comercial de 1850, posteriormente aprimorado pelo Decreto n. 2.044/1908 e pela incorporação da Lei Uniforme em 1966. Essa evolução legislativa reflete a necessidade de adaptar o Direito brasileiro às práticas internacionais, conferindo maior previsibilidade e uniformidade ao tratamento jurídico da letra de câmbio.

A letra de câmbio é caracterizada pela formalidade, literalidade, autonomia e abstração, conceitos fundamentais para sua validade e eficácia. A **formalidade** exige que o título contenha todos os elementos essenciais previstos em lei. A **literalidade** limita os direitos e obrigações ao que está expresso no título. A **autonomia** das obrigações assegura que cada signatário responda de modo independente, e a **abstração** desvincula o título da causa subjacente.

Esses princípios são amplamente discutidos pela doutrina. Fran Martins (2019a, p. 122) afirma que "a literalidade e a abstração são pilares que conferem ao título a flexibilidade necessária para sua circulação, ao mesmo tempo que protegem os direitos do portador". Essa estrutura reforça a confiança no sistema creditício, uma vez que o título circula no mercado com a garantia de cumprimento, independentemente de disputas entre as partes originais.

A letra de câmbio é, essencialmente, um **título executivo extrajudicial**, apto a embasar a execução de dívidas sem necessidade de processo de conhecimento prévio. Sua função econômica, por outro lado, está diretamente associada à facilitação de transações comerciais e à substituição do dinheiro em circulação.

No aspecto jurídico, o art. 784, inciso I, do Código de Processo Civil de 2015 reconhece expressamente a letra de câmbio como título executivo. Isso significa que, uma vez preenchidos os requisitos legais, o portador pode exigir seu cumprimento diretamente, sem necessidade de comprovar a relação causal que originou o título. Conforme leciona Arnaldo Rizzardo (2021, p. 213), "a executividade da letra de câmbio é um atributo que traduz a confiança jurídica necessária para sua aceitação no mercado".

A complexidade da letra de câmbio reside na multiplicidade de obrigações assumidas pelos signatários. Cada um deles – sacador, sacado, endossantes e avalistas – tem uma função específica, mas todos estão sujeitos à solidariedade passiva, conforme disposto no art. 47 da Lei Uniforme. Essa solidariedade permite ao credor cobrar o valor integral do título de qualquer dos obrigados, simplificando o processo de cobrança.

A doutrina destaca a importância da **responsabilidade solidária** como garantia adicional ao portador. Segundo Fábio Ulhoa Coelho (2023c, p. 348), "a solidariedade passiva amplia a segurança do crédito representado pela letra de câmbio, na medida em que o portador pode optar por executar o devedor que lhe pareça mais solvente".

A circulação da letra de câmbio é viabilizada pelo **endosso**, mecanismo que transfere a titularidade do crédito de modo simples e rápido. O endosso pode ser pleno ou em branco, como já mencionado, mas deve ser praticado com observância dos requisitos formais, sob pena de ineficácia. Ademais, o aval constitui outra importante garantia, configurando-se como uma declaração unilateral de vontade que reforça a obrigação do devedor principal.

O Superior Tribunal de Justiça (STJ) já consolidou entendimento sobre a validade do **aval** dado em letras de câmbio, mesmo quando ausente a assinatura do avalizado. Essa interpretação reforça a autonomia das obrigações cambiais, garantindo maior segurança ao portador. Como assevera Fran Martins (2019, p. 155), "o aval é um instituto que se presta a aumentar a confiabilidade do título, ao mesmo tempo que assegura ao portador uma opção adicional para a satisfação do crédito".

O **protesto** é um ato formal indispensável para a preservação do direito de regresso contra os coobrigados. É realizado em cartório e consiste na certificação pública da inadimplência do sacado ou aceitante. A ausência de protesto dentro do prazo legal pode acarretar a perda do direito de regresso, conforme prevê o art. 53 da Lei Uniforme.

Na prática, a **ação cambial** pode ser executiva ou de regresso. A primeira é utilizada para exigir o cumprimento direto da obrigação, e a segunda busca o ressarcimento de valores pagos pelo endossante ou avalista que tenha sido compelido a honrar o título. Segundo o entendimento do STJ, "a prescrição da ação cambial não impede o ajuizamento de ação de enriquecimento ilícito ou de cobrança com base no negócio subjacente, desde que devidamente comprovado" (REsp 1.406.391/SP, Rel. Min. Paulo de Tarso Sanseverino, j. 24/09/2014).

Apesar de sua importância histórica e jurídica, a letra de câmbio enfrenta desafios no contexto atual, especialmente com o advento de novos meios de pagamento, como boletos bancários, cartões de crédito e transações eletrônicas. Ainda assim, permanece como um título de grande relevância em operações específicas, como no comércio internacional e na securitização de créditos.

A digitalização e a informatização do mercado trazem novas questões para o direito cambiário, especialmente no que diz respeito à validade de assinaturas eletrônicas em títulos tradicionais. A doutrina já discute a necessidade de adaptar os princípios da letra de câmbio às realidades digitais, sem comprometer suas características essenciais.

A letra de câmbio, como instituto jurídico, demonstra a capacidade do Direito de adaptar-se às necessidades econômicas e sociais. Embora sua utilização tenha diminuído frente às inovações financeiras, sua estrutura permanece como referência para o estudo e a prática do direito empresarial.

A importância da letra de câmbio no ordenamento jurídico brasileiro transcende sua aplicação prática, representando um exemplo de como os princípios de segurança e previsibilidade podem ser aplicados de modo eficaz em instrumentos jurídicos. Como sintetiza Fábio Ulhoa Coelho (2023c, p. 360), "a letra de câmbio é mais que um título de crédito; é uma expressão da confiança necessária ao desenvolvimento econômico e jurídico de uma sociedade".

13.3 Nota promissória

A nota promissória é um dos títulos de crédito mais simples e, ao mesmo tempo, mais significativos no Direito brasileiro. Sua relevância transcende o campo jurídico, ocupando um lugar central nas relações econômicas. Como título de crédito, caracteriza-se pela promessa de pagamento, assumida de modo unilateral pelo emitente em favor do beneficiário. Sua simplicidade estrutural, aliada à flexibilidade na circulação e segurança jurídica, faz dela um instrumento amplamente utilizado, especialmente em contratos de mútuo, operações comerciais e parcelamentos de obrigações.

A regulamentação da nota promissória no Brasil tem como base a Lei Uniforme de Genebra, que foi incorporada ao ordenamento jurídico pelo Decreto n. 57.663/1966. Essa normatização internacional garante a uniformidade de regras aplicáveis ao título, facilitando sua aceitação e circulação em âmbito nacional e internacional. No entanto, sua aplicação também se complementa por dispositivos do Código Civil de 2002 e pelo Código de Processo Civil de 2015, sendo frequentemente objeto de análise doutrinária e jurisprudencial.

A nota promissória distingue-se de outros títulos de crédito, como a letra de câmbio, pela ausência de elementos subjetivos múltiplos. Ao passo que a letra de câmbio exige a presença de três sujeitos – sacador, sacado e beneficiário –, a nota promissória se estrutura em uma relação bilateral entre emitente e beneficiário. Como observa Alfredo de Assis Gonçalves Neto (2023, p. 97), "a simplicidade da nota promissória é sua maior virtude, pois elimina intermediários e possibilita uma relação direta e descomplicada entre as partes".

A origem da nota promissória remonta ao desenvolvimento das relações comerciais na Idade Média, quando comerciantes buscavam alternativas para facilitar transações financeiras. Inspirada nos primeiros modelos de letra de câmbio, a nota promissória consolidou-se como um título autônomo, simplificado e amplamente aceito no mercado. Sua introdução no Brasil acompanha a evolução do Direito Comercial, sendo regulamentada inicialmente pelo Código Comercial de 1850 e, posteriormente, aprimorada pela legislação cambial moderna.

A estrutura jurídica da nota promissória é regida por princípios basilares que a tornam funcional e confiável. A **literalidade** é um dos elementos centrais, limitando a obrigação cambial ao que está expressamente consignado no título. Isso significa que eventuais acordos subjacentes ou causas originárias da emissão do título não podem ser opostos ao portador, salvo em hipóteses excepcionais previstas em lei, como má-fé manifesta. Segundo Fábio Ulhoa Coelho (2023c, p. 344), "a literalidade confere à nota promissória a previsibilidade necessária para sua circulação no mercado, permitindo que terceiros adquiram o título sem preocupações sobre a relação jurídica que lhe deu origem".

Outro princípio essencial é a **autonomia** das obrigações. Cada signatário do título assume uma obrigação independente, de modo que a invalidade de uma obrigação não afeta as demais. Esse aspecto é crucial para a segurança jurídica, especialmente em situações de circulação do título por meio de endosso. O **endosso**, por sua vez, é o mecanismo que permite a transferência de titularidade da nota promissória, sendo amplamente utilizado em operações comerciais e financeiras. O endossante, ao transferir o título, torna-se responsável solidário pelo cumprimento da obrigação, salvo disposição em contrário. Fran Martins (2019a, p. 139) enfatiza que "o endosso é a espinha dorsal da circulação dos títulos de crédito, permitindo que a nota promissória exerça plenamente sua função econômica".

Além do endosso, o **aval** é outra figura jurídica relevante na dinâmica da nota promissória. Trata-se de uma garantia pessoal prestada por um terceiro ou pelo próprio emitente, que se compromete a pagar o título caso o devedor principal não o faça. A simplicidade do aval e sua independência em relação à obrigação garantida reforçam a confiança no título. A jurisprudência brasileira, ao interpretar o aval, tem reforçado sua autonomia, inclusive em situações em que a obrigação principal seja questionada. O Superior Tribunal de Justiça (STJ) já decidiu que "o avalista, ao assinar o título, assume uma obrigação cambial autônoma, independente da validade da relação subjacente entre as partes" (REsp 1.231.764/SP, Rel. Min. Nancy Andrighi, j. 25/06/2014).

A nota promissória também se destaca pela **força executiva**, prevista no art. 784, inciso I, do Código de Processo Civil. Isso significa que o portador do título pode ajuizar uma ação de execução, diretamente, sem a necessidade de comprovar a causa subjacente. Esse atributo confere celeridade e eficiência na cobrança de créditos, sendo uma das razões para a ampla utilização da nota promissória no mercado. No entanto, a executividade está condicionada ao preenchimento dos requisitos formais do título. Em caso de irregularidades, a nota promissória pode perder sua força executiva, embora continue a ser um documento hábil para a propositura de ação de cobrança.

Um aspecto que merece atenção especial é o **prazo prescricional** das ações relacionadas à nota promissória. A Lei Uniforme estabelece que a ação cambial prescreve em três anos, contados a partir do vencimento do título. Após esse prazo, o portador ainda pode buscar o cumprimento da obrigação por meio de ação baseada no enriquecimento sem causa, mas sem a força executiva do título. A doutrina critica a ausência de mecanismos mais eficazes para evitar a prescrição, especialmente em casos em que a demora na cobrança resulta de fatores externos ao portador.

No cenário contemporâneo, a nota promissória enfrenta desafios decorrentes da digitalização do mercado e da adoção de novos instrumentos financeiros. A utilização de assinaturas eletrônicas em títulos de crédito tem sido objeto de debates doutrinários e jurisprudenciais, especialmente no que diz respeito à validade e à eficácia dessas assinaturas. A adoção de sistemas eletrônicos para emissão e circulação de notas promissórias, embora traga vantagens como celeridade e redução de custos, também levanta questões sobre segurança jurídica e prevenção de fraudes.

A relevância da nota promissória no Direito brasileiro reflete sua capacidade de atender às necessidades práticas das relações econômicas, ao mesmo tempo em que se mantém fiel aos princípios fundamentais dos títulos de crédito. Sua simplicidade estrutural, aliada à robustez jurídica, faz dela um instrumento indispensável tanto no âmbito empresarial quanto nas relações entre particulares.

Como sintetiza Fábio Ulhoa Coelho (2023, p. 350), "a nota promissória é um exemplo clássico de como o direito pode se adaptar às exigências do mercado, sem comprometer a segurança e a previsibilidade das relações jurídicas".

13.4 Duplicata

A duplicata, como título de crédito típico do ordenamento jurídico brasileiro, representa uma solução normativa que visa à adequação do Direito Comercial às necessidades econômicas do país. Regulada pela Lei n. 5.474/1968, a duplicata cumpre funções essenciais nas transações comerciais, especialmente no setor empresarial, onde sua utilização é amplamente difundida. Trata-se de um título causal, vinculado à comprovação de uma relação jurídica subjacente, geralmente uma operação de compra e venda mercantil ou prestação de serviços. Essa peculiaridade a distingue de outros títulos de crédito de caráter mais abstrato, como a letra de câmbio e a nota promissória.

Historicamente, a duplicata surge como uma adaptação brasileira às necessidades práticas do mercado. Em sua origem, o título foi concebido para conferir maior formalidade e segurança às relações comerciais, especialmente nas operações a prazo, que exigiam garantias mais robustas para a cobrança de créditos. Conforme explica Fran Martins (2019a, p. 174), "a criação da duplicata foi uma resposta pragmática à demanda do comércio brasileiro por um título de crédito simples, mas eficaz, que pudesse ser amplamente aceito e utilizado no mercado". Sua regulamentação, iniciada na década de 1960, foi resultado de um esforço legislativo para unificar as práticas comerciais e proporcionar maior previsibilidade às partes envolvidas.

A **causalidade** da duplicata é um de seus aspectos mais discutidos na doutrina. Diferentemente de títulos puramente cambiários, sua validade está diretamente condicionada à existência e regularidade da relação subjacente. Isso significa que, em caso de litígio, o emitente ou sacado pode questionar o título com base na inexistência, nulidade ou irregularidade da relação jurídica que deu origem à duplicata. Apesar disso, uma vez aceita, a duplicata adquire força executiva e passa a ser tratada, em muitos aspectos, como um título de crédito abstrato. Essa dualidade entre causalidade e autonomia é um ponto de grande relevância para o estudo do título, pois combina elementos de segurança jurídica com a flexibilidade necessária para sua circulação no mercado.

A **aceitação** é um elemento central no funcionamento da duplicata. O art. 7º da Lei n. 5.474/1968 prevê que a duplicata deve ser aceita pelo sacado mediante aposição de assinatura no título. A ausência de aceitação, por si só, não impede sua cobrança judicial, desde que o credor tenha tomado medidas como o protesto por falta de aceite. A aceitação tácita é outro ponto de destaque, ocorrendo em situações em que o sacado não apresenta justificativa para a recusa dentro do prazo legal ou quando realiza o pagamento parcial ou integral do valor. Como observa Fábio Ulhoa Coelho (2023c, p. 378), "a aceitação, seja expressa ou tácita, confere à duplicata uma presunção de validade que facilita sua circulação e execução judicial".

O **protesto** da duplicata, regulamentado no art. 13 da Lei n. 5.474/1968, é um requisito indispensável para sua execução judicial, salvo nas hipóteses em que o devedor reconheça expressamente a dívida. O protesto tem por finalidade dar publicidade ao inadimplemento, protegendo os interesses do credor e sinalizando eventuais riscos para terceiros que possam negociar o título. Trata-se de uma formalidade que reforça a segurança jurídica e a transparência nas transações comerciais. No entanto, a exigência do protesto também é objeto de críticas na doutrina, especialmente em casos em que o credor enfrenta dificuldades práticas para realizá-lo. Arnaldo Rizzardo (2021, p. 281) argumenta que "a obrigatoriedade do protesto, embora necessária em termos de segurança jurídica, pode se tornar um entrave burocrático em situações de inadimplência manifesta".

Outro ponto relevante na dinâmica da duplicata é sua circulação por meio de **endosso**. O endosso permite a transferência da titularidade do título a terceiros, conferindo-lhe maior liquidez e ampliando sua utilização como instrumento de crédito. Essa característica torna a duplicata particularmente atrativa para operações de financiamento, nas quais é comumente negociada junto a instituições financeiras em operações de desconto. Fran Martins (2019a, p. 176) ressalta que "o endosso transforma a duplicata em um título altamente versátil, permitindo que ela cumpra uma dupla função: formalizar créditos comerciais e facilitar o acesso ao crédito bancário".

O **aval**, por sua vez, é um mecanismo de garantia que reforça a segurança das duplicatas. O avalista, ao assinar o título, assume uma obrigação cambial autônoma e solidária, comprometendo-se a pagar o valor devido caso o devedor principal não o faça. Essa garantia adicional é amplamente utilizada em transações de maior risco, especialmente quando há dúvidas sobre a solvência do devedor principal. A jurisprudência brasileira tem reiterado a independência do aval em relação à obrigação principal, destacando que o avalista não pode opor exceções pessoais contra o credor, salvo em casos de fraude ou má-fé evidente.

Nesse sentido, o Superior Tribunal de Justiça já decidiu que "a obrigação do avalista na duplicata é autônoma, não se vinculando à existência ou regularidade da relação subjacente" (REsp 1.634.781/PR, Rel. Min. Ricardo Villas Bôas Cueva, j. 09/10/2018).

A **duplicata eletrônica** é uma inovação significativa no campo dos títulos de crédito, introduzida pela Lei n. 13.775/2018. Essa modalidade permite a emissão, circulação e cobrança do título em ambiente digital, eliminando a necessidade de impressão física e reduzindo os custos operacionais. A duplicata eletrônica também oferece maior controle e segurança, pois sua emissão é registrada em sistemas eletrônicos que permitem a rastreabilidade do título. Contudo, a implementação dessa tecnologia traz desafios importantes, como a proteção contra fraudes e a compatibilidade com as práticas tradicionais do mercado. Segundo Fábio Ulhoa Coelho (2023c, p. 382), "a duplicata eletrônica é um avanço necessário para modernizar o mercado de crédito, mas exige uma regulamentação clara e eficaz para garantir sua eficácia e segurança".

Por fim, a duplicata desempenha um papel crucial na dinamização do mercado brasileiro, sendo amplamente utilizada tanto por pequenas e médias empresas quanto por grandes corporações. Sua regulamentação específica e sua adaptabilidade às demandas do mercado fazem dela um instrumento indispensável no Direito Comercial brasileiro. Apesar disso, a duplicata enfrenta desafios decorrentes de mudanças econômicas e tecnológicas, que exigem atualizações legislativas e maior atenção por parte dos operadores do direito. A duplicata não é apenas um título de crédito; ela é um reflexo da capacidade do Direito brasileiro de criar soluções específicas para atender às demandas do mercado interno, preservando os princípios fundamentais dos títulos de crédito.

13.5 Cédula de crédito bancário

A cédula de crédito bancário (CCB) constitui um dos instrumentos mais modernos e relevantes no direito bancário e no sistema financeiro brasileiro. Sua criação pela Lei n. 10.931/2004, que introduziu diversas inovações nos contratos e títulos de crédito, reflete a busca por eficiência, segurança jurídica e adaptabilidade às novas demandas do mercado. A CCB foi concebida para suprir lacunas existentes nos mecanismos tradicionais de formalização de crédito, proporcionando maior flexibilidade e garantindo proteção tanto ao credor quanto ao devedor.

A definição legal da CCB está no art. 26 da mencionada lei, que a conceitua como um título de crédito representativo de promessa de pagamento em dinheiro, decorrente de uma operação de crédito. Essa caracterização demonstra sua essência cambial, embora mantida a ligação com a relação subjacente, o que a distingue de outros títulos de crédito, como a nota promissória ou a letra de câmbio. Trata-se, portanto, de um título causal, que, ao mesmo tempo, goza de força executiva imediata. Segundo Fábio Ulhoa Coelho (2023c, p. 418), "a CCB combina elementos típicos dos contratos bancários com características essenciais dos títulos de crédito, criando um híbrido que atende às demandas específicas do mercado financeiro".

A origem da CCB está associada à necessidade de superar as limitações práticas dos contratos bancários tradicionais e dos títulos de crédito convencionais, como a nota promissória, que frequentemente eram utilizados em operações de crédito mas não correspondiam à complexidade de muitas dessas transações. Antes da criação da CCB, a formalização do crédito bancário dependia de contratos extensos e frequentemente acompanhados por outros instrumentos, como garantias ou títulos auxiliares, o que aumentava os custos operacionais e burocráticos. Nesse contexto, a CCB surge como uma solução simplificada e eficaz, especialmente ao conferir ao credor uma via direta para a execução judicial do crédito inadimplido.

Uma das características mais marcantes da CCB é sua **força executiva**, conforme previsto no art. 28 da Lei n. 10.931/2004. A cédula tem natureza de título executivo extrajudicial, desde que atendidos os requisitos legais, como a assinatura do emitente e de duas testemunhas (no caso de emissão física) ou o uso de certificação digital (para títulos eletrônicos). Essa característica permite ao credor, em caso de inadimplemento, promover diretamente a execução do título, sem a necessidade de constituir o devedor em mora por outros meios. Essa eficácia executiva é um dos principais fatores que explicam a ampla adoção da CCB pelas instituições financeiras. Como observa Arnaldo Rizzardo (2021, p. 348), "a força executiva da CCB proporciona ao credor uma ferramenta célere e eficiente para a recuperação de créditos, garantindo a proteção de seus interesses em um mercado altamente competitivo".

Outro ponto de destaque na CCB é a possibilidade de **emissão eletrônica**, com validade jurídica assegurada pelo uso de certificação digital. Essa inovação foi pioneira no ordenamento jurídico brasileiro, antecipando-se ao movimento de digitalização que hoje permeia o mercado financeiro. A emissão eletrônica reduz os custos associados à criação e circulação de títulos e aumenta a segurança jurídica, graças aos mecanismos tecnológicos de autenticação e registro. A digitalização da CCB está alinhada às tendências globais de desmaterialização de documentos, permitindo uma gestão mais eficiente e transparente dos créditos. Segundo Fran Martins (2019a, p. 218), "a introdução da CCB eletrônica foi um marco no direito brasileiro, demonstrando a capacidade do legislador de acompanhar a evolução tecnológica sem sacrificar a segurança das relações jurídicas".

A **estrutura contratual** da CCB também merece análise detalhada. A lei permite que a cédula contenha cláusulas acessórias relacionadas a encargos financeiros, garantias e outras disposições que regulamentem a relação entre as partes. Essa flexibilidade é essencial para que a CCB possa ser utilizada em uma ampla gama de operações de crédito, desde empréstimos pessoais até financiamentos corporativos de grande porte. A inclusão de garantias reais ou fidejussórias na cédula é uma prática comum, especialmente em operações de maior valor ou risco. Tais garantias não apenas aumentam a segurança do credor, mas também podem reduzir os custos financeiros para o devedor ao minimizar os riscos associados à operação. Fábio Ulhoa Coelho (2023c, p. 422) ressalta que "a possibilidade de adaptação das cláusulas da CCB às especificidades de cada operação é uma de suas maiores virtudes, permitindo que o título seja amplamente utilizado por diferentes agentes econômicos".

A **cláusula mandato**, prevista no art. 29 da Lei n. 10.931/2004, é outro elemento que merece atenção. Essa cláusula autoriza o credor a preencher lacunas na CCB, como o valor atualizado da dívida ou a data de vencimento, conforme os critérios previamente estabelecidos no contrato. Embora essa previsão legal vise simplificar a operacionalização do título, ela também suscita preocupações quanto ao potencial desequilíbrio entre as partes, especialmente em situações em que o devedor está em posição de vulnerabilidade. A doutrina crítica frequentemente aponta que a cláusula mandato, se mal utilizada, pode dar margem a abusos por parte das instituições financeiras. Arnaldo Rizzardo (2021, p. 350) salienta que "a cláusula mandato deve ser aplicada com cautela, garantindo que o devedor tenha pleno conhecimento e concordância com os critérios que serão utilizados para o preenchimento do título".

No campo jurisprudencial, a CCB tem sido amplamente discutida nos tribunais brasileiros, especialmente em questões relacionadas à sua execução judicial, validade de cláusulas contratuais e interpretação das disposições legais. O Superior Tribunal de Justiça (STJ) tem reiterado a força executiva da CCB, destacando que, uma vez preenchidos os requisitos legais, o título pode ser executado independentemente de discussão sobre a relação subjacente. Contudo, o tribunal também tem ressaltado a necessidade de observar os princípios da boa-fé e da função social do contrato, especialmente em casos que envolvam consumidores ou microempresas. Em um *leading case* recente, o STJ decidiu que "a validade da cláusula mandato na CCB está condicionada à sua conformidade com os critérios previamente pactuados e à ausência de abusos ou práticas lesivas ao devedor" (REsp 1.658.853/RS, Rel. Min. Paulo de Tarso Sanseverino, j. 14/11/2019).

A **circulação** da CCB é um dos fatores que a tornam especialmente atrativa no mercado financeiro. Como título de crédito, a CCB pode ser transferida por endosso ou cessão, permitindo que instituições financeiras utilizem esses títulos como lastro em operações de securitização ou obtenção de recursos junto a terceiros. Essa característica amplia a liquidez do título e sua utilidade como instrumento de gestão de ativos, contribuindo para o dinamismo do sistema financeiro. Além disso, a transferência da CCB está sujeita às regras gerais dos títulos de crédito, o que confere segurança jurídica aos adquirentes.

Por fim, é importante destacar o papel da CCB no contexto do desenvolvimento econômico brasileiro. Sua ampla adoção pelas instituições financeiras reflete sua eficácia como instrumento de formalização de crédito, contribuindo para a expansão do acesso ao financiamento em diversos setores. Contudo, sua utilização também demanda vigilância por parte dos reguladores e operadores do direito, a fim de garantir que o equilíbrio contratual seja preservado e que os direitos das partes sejam adequadamente protegidos.

13.6 Certificados de recebíveis (imobiliários ou do agronegócio)

Os Certificados de Recebíveis Imobiliários (CRI) e os Certificados de Recebíveis do Agronegócio (CRA) ocupam uma posição central no mercado de capitais brasileiro, sendo instrumentos destinados a viabilizar a securitização de créditos vinculados aos setores imobiliário e agropecuário. Esses certificados representam a modernização do financiamento em áreas de relevância estratégica para o desenvolvimento econômico do país, integrando conceitos jurídicos complexos à dinâmica prática do mercado financeiro. Com regulamentação própria e inserção em um contexto de crescente sofisticação financeira, tanto os CRIs quanto os CRAs têm desempenhado papel relevante na captação de recursos, promovendo eficiência, segurança e liquidez para investidores e emissores.

A criação desses títulos responde à necessidade de fomentar setores econômicos cuja relevância vai além da dimensão econômica, alcançando aspectos sociais e estruturais do país. O setor imobiliário, representado pelos CRIs, está diretamente ligado à moradia, ao desenvolvimento urbano e à infraestrutura. Já o agronegócio, respaldado pelos CRAs, é um dos pilares da economia brasileira, contribuindo significativamente para o Produto Interno Bruto (PIB), o saldo da balança comercial e a geração de empregos. Assim, a normatização e o uso estratégico desses certificados refletem um esforço conjunto para alinhar as demandas econômicas à proteção jurídica e à inovação financeira.

Os Certificados de Recebíveis Imobiliários (CRI) foram instituídos pela Lei n. 9.514/1997, que regula o Sistema de Financiamento Imobiliário (SFI) e prevê o CRI como um título de crédito lastreado em créditos imobiliários. Esses certificados têm por objetivo viabilizar a captação de recursos destinados a empreendimentos imobiliários, tais como construções, reformas ou comercialização de imóveis. Como instrumentos de securitização, os CRIs permitem que instituições financeiras ou empresas cedam direitos creditórios decorrentes de contratos imobiliários para companhias securitizadoras, que, por sua vez, emitem os títulos para captação de recursos no mercado.

Conforme destaca Fábio Ulhoa Coelho (2023c, p. 530), "os CRIs integram o esforço de desintermediação financeira no mercado de capitais, proporcionando uma conexão mais direta entre investidores e projetos imobiliários". Essa característica os torna uma alternativa eficiente ao financiamento bancário tradicional, reduzindo custos e burocracia. Além disso, a legislação prevê mecanismos para proteger os investidores, como a cessão fiduciária dos direitos creditórios à companhia securitizadora e o isolamento dos ativos em caso de insolvência, o que confere maior segurança jurídica e transparência.

Os Certificados de Recebíveis do Agronegócio (CRA), instituídos pela Lei n. 11.076/2004, seguem princípios semelhantes aos dos CRIs, mas são direcionados ao setor agropecuário. Esses certificados permitem a captação de recursos para atividades relacionadas à produção, industrialização, comercialização e beneficiamento de produtos agropecuários, bem como ao fornecimento de insumos e à logística associada ao agronegócio. O CRA é um instrumento fundamental para o financiamento das cadeias produtivas do setor, especialmente em um país como o Brasil, onde o agronegócio desempenha papel estratégico na economia.

Os CRAs oferecem vantagens importantes, como a isenção de Imposto de Renda sobre os rendimentos para pessoas físicas, tornando-os mais atrativos aos investidores. Segundo Arnaldo Rizzardo (2021, p. 403), "os CRAs representam uma solução inovadora para a captação de recursos no agronegócio, combinando flexibilidade operacional com benefícios fiscais que ampliam sua atratividade no mercado financeiro". Essa isenção fiscal, contudo, exige o cumprimento de requisitos legais rigorosos, como a comprovação de que os recursos captados serão utilizados em atividades vinculadas ao setor agropecuário.

Os CRIs e CRAs compartilham algumas **características estruturais**, sendo ambos emitidos por companhias securitizadoras e lastreados em direitos creditórios. Essas securitizadoras atuam como intermediárias entre os originadores dos créditos (como bancos, empresas ou produtores rurais) e os investidores, administrando os direitos creditórios e emitindo os certificados correspondentes. A legislação exige que as operações de securitização sejam formalizadas por meio de instrumentos públicos ou privados devidamente registrados, garantindo transparência e segurança jurídica.

Uma das características mais relevantes desses certificados é o **isolamento patrimonial dos ativos que os lastreiam**. Os direitos creditórios são segregados do patrimônio geral da companhia securitizadora, protegendo-os em caso de falência ou insolvência da empresa. Esse mecanismo, conhecido como "patrimônio separado", é essencial para garantir a confiança dos investidores, reduzindo os riscos associados às operações. Conforme observa Fran Martins (2019a, p. 310), "o isolamento patrimonial é uma salvaguarda indispensável para a eficácia dos CRIs e CRAs, protegendo os interesses dos investidores e assegurando a continuidade dos fluxos financeiros".

Além disso, os CRIs e CRAs podem ser emitidos com diferentes tipos de **garantias**, como cessão fiduciária de direitos creditórios, hipoteca de bens imóveis (no caso dos CRIs) ou garantias reais vinculadas à produção agrícola (no caso dos CRAs). Essa flexibilidade permite que os títulos sejam adaptados às especificidades de cada operação, ampliando sua utilidade e seu alcance no mercado.

Uma das principais vantagens dos CRIs e CRAs é sua negociabilidade no mercado de capitais. Esses certificados podem ser adquiridos por investidores institucionais ou individuais e negociados em bolsas de valores ou mercados de balcão, conferindo liquidez e dinamismo ao sistema financeiro. A regulamentação pela Comissão de Valores Mobiliários (CVM) garante a padronização das informações e a fiscalização das operações, protegendo os investidores e promovendo a eficiência do mercado.

A CVM exige que as companhias securitizadoras divulguem informações detalhadas sobre os ativos que lastreiam os certificados, incluindo riscos associados e condições de pagamento. Essas informações são essenciais para que os investidores possam avaliar adequadamente as oportunidades de investimento, assegurando maior transparência nas operações. Além disso, a emissão de CRIs e CRAs deve ser precedida de registro na CVM, garantindo que os títulos atendam aos requisitos legais e regulamentares.

Apesar de sua relevância, os CRIs e CRAs enfrentam desafios operacionais e regulatórios que limitam seu pleno potencial. A complexidade das operações de securitização, os custos envolvidos na emissão dos títulos e a falta de conhecimento por parte de pequenos e médios empresários ainda constituem barreiras significativas à ampliação do uso desses instrumentos. Além disso, a volatilidade econômica e as mudanças regulatórias podem impactar negativamente a atratividade dos certificados, especialmente em cenários de incerteza financeira.

Outro ponto crítico diz respeito à proteção dos investidores. Embora os CRIs e CRAs ofereçam mecanismos de segurança, como o isolamento patrimonial, eventuais falhas na gestão dos direitos creditórios ou a inadimplência dos devedores subjacentes podem gerar riscos relevantes. A jurisprudência brasileira tem abordado essas questões, enfatizando a necessidade de equilíbrio entre as garantias oferecidas aos investidores e a proteção dos direitos dos originadores e devedores.

Por outro lado, as perspectivas para os CRIs e CRAs são promissoras, especialmente em um contexto de crescimento da demanda por alternativas de financiamento sustentável. No caso dos CRAs, a ampliação do interesse por práticas ESG (ambientais, sociais e de governança) tem incentivado a emissão de títulos vinculados a projetos sustentáveis no agronegócio, como produções agrícolas de baixo impacto ambiental e cadeias produtivas responsáveis. Já os CRIs têm se beneficiado da expansão do mercado imobiliário, impulsionado por programas habitacionais e investimentos em infraestrutura.

Os CRIs e CRAs representam instrumentos essenciais para a modernização do financiamento nos setores imobiliário e agropecuário, promovendo a integração entre o direito e o mercado financeiro. Sua regulamentação detalhada e sua inserção no mercado de capitais brasileiro conferem a esses títulos uma relevância estratégica, contribuindo para o desenvolvimento econômico e social do país. Contudo, sua plena utilização depende de esforços contínuos para superar desafios operacionais e fortalecer a confiança dos investidores, garantindo que esses instrumentos cumpram seu potencial de impulsionar a economia e fomentar práticas responsáveis.

Considerações finais

O estudo do Direito Empresarial revela-se essencial para a compreensão das dinâmicas econômicas e jurídicas que permeiam a atividade empresarial no Brasil. Neste livro, foram abordados os principais institutos que regem as relações empresariais, incluindo a estrutura das sociedades empresárias, a regulação dos contratos mercantis, os títulos de crédito, a propriedade industrial e a recuperação judicial e falência.

A evolução do Direito Empresarial no Brasil tem sido marcada por um movimento de maior segurança jurídica e previsibilidade, acompanhando a tendência global de aperfeiçoamento dos marcos regulatórios. A influência do Direito Comparado tem se mostrado relevante na harmonização das normas brasileiras com as melhores práticas internacionais, promovendo um ambiente de negócios mais competitivo e transparente.

Um dos desafios contemporâneos do Direito Empresarial é a necessidade de adaptação às novas tecnologias e aos modelos de negócio que emergem com a digitalização da economia. A legislação deve estar preparada para disciplinar aspectos como contratos eletrônicos, *blockchain*, criptoativos e a responsabilidade das plataformas digitais, bem como os novos desafios ambientais e sociais.

Além disso, a sustentação dos princípios da boa-fé, transparência e função social da empresa torna-se essencial para o equilíbrio entre os interesses dos empresários e os direitos da coletividade. O aprimoramento dos mecanismos de governança corporativa, *compliance* e resolução de conflitos é uma tendência que fortalece a credibilidade e a estabilidade das relações empresariais.

Dessa forma, o estudo do Direito Empresarial não deve ser compreendido apenas como um conjunto de normas, mas como um campo dinâmico e em constante evolução. A interação entre Direito e Economia é imprescindível para garantir que as normativas acompanhem as transformações do mercado, promovendo o desenvolvimento econômico e social.

Esperamos que este livro tenha proporcionado aos leitores uma visão abrangente e aprofundada do Direito Empresarial, incentivando a reflexão crítica sobre os desafios e as oportunidades da legislação empresarial no Brasil. E que o conhecimento adquirido seja um instrumento valioso para a prática profissional e para a construção de um ambiente de negócios mais justo e eficiente.

Referências

ABRÃO, N. **Direito bancário**. 18. ed. São Paulo: Saraiva, 2018.
ACEMOGLU, D.; ROBINSON, J. **Por que as nações fracassam**: as origens do poder, da prosperidade e da pobreza. Rio de Janeiro: Intrínseca, 2022.
ANS – Agência Sebrae de Notícias. **Abertura de micro e pequenas empresas tem alta de 6,6% em 2023**. 5 fev. 2024. Disponível em: <https://agenciasebrae.com.br/economia-e-politica/abertura-de-micro-e-pequenas-empresas-tem-alta-de-66-em-2023/>. Acesso em: 28 jan. 2025.
ASCARELLI, T. **Panorama do direito comercial**. São Paulo: Saraiva, 1947.
BACHA, E. **A crise fiscal e monetária brasileira**. Rio de Janeiro: Civilização Brasileira, 2016.
BARBOSA, D. B. **Tratado da propriedade intelectual**. 2. ed. Rio de Janeiro: Lumen Juris, 2022. Tomo I.
BECHO, R. L. **Elementos de direito cooperativo**. 2. ed. São Paulo: Revista dos Tribunais, 2019.
BITTAR, C. A. **Direito de autor**. 8. ed. Rio de Janeiro: Forense, 2022.
BRASIL. Constituição (1988). **Diário Oficial da União**, Brasília, DF, 5 out. 1988. Disponível em: http://www.planalto.gov.br/ccivil_03/constituicao/ConstituicaoCompilado.htm. Acesso em: 8 jan. 2025.
BRASIL. Decreto-Lei n. 5.452, de 1º de maio de 1943. **Diário Oficial da União**, Rio de Janeiro, RJ, 9 ago. 1943. Disponível em: <https://www.planalto.gov.br/ccivil_03/decreto-lei/del5452.htm>. Acesso em: 8 jan. 2025.
BRASIL. Decreto-Lei n. 5.764, de 16 de dezembro de 1971. **Diário Oficial da União**, Brasília, DF, 16 dez. 1971. Disponível em: <https://www.planalto.gov.br/ccivil_03/leis/l5764.htm>. Acesso em: 8 jan. 2025.
BRASIL. Lei n. 6.404, de 15 de dezembro de 1976. **Diário Oficial da União**, Brasília, DF, 17 dez. 1976. Disponível em: <https://www.planalto.gov.br/ccivil_03/leis/l6404consol.htm>. Acesso em: 8 jan. 2025.
BRASIL. Lei n. 8.078, de 11 de setembro de 1990. **Diário Oficial da União**, Brasília, DF, 12 set. 1990a. Disponível em: <https://www.planalto.gov.br/ccivil_03/leis/l8078compilado.htm>. Acesso em: 8 jan. 2025.
BRASIL. Lei n. 8.137, de 27 de dezembro de 1990. **Diário Oficial da União**, Brasília, DF, 28 dez. 1990b. Disponível em: <https://www.planalto.gov.br/ccivil_/leis/l8137.htm>. Acesso em: 8 jan. 2025.
BRASIL. Lei n. 8.934, de 18 de novembro de 1994. **Diário Oficial da União**, Brasília, DF, 21 nov. 1994. Disponível em: <https://www.planalto.gov.br/ccivil_03/leis/l8934.htm>. Acesso em: 8 jan. 2025.
BRASIL. Lei n. 9.279, de 14 de maio de 1996. **Diário Oficial da União**, Brasília, DF, 15 maio 1996. Disponível em: <https://www.planalto.gov.br/ccivil_03/leis/l9279.htm>. Acesso em: 8 jan. 2025.
BRASIL. Lei n. 9.609, de 19 de fevereiro de 1998. **Diário Oficial da União**, Brasília, DF, 20 fev. 1998. Disponível em: <https://www.planalto.gov.br/ccivil_03/leis/l9609.htm>. Acesso em: 8 jan. 2025.
BRASIL. Lei n. 9.867, de 10 de novembro de 1999. **Diário Oficial da União**, Brasília, DF, 11 nov. 1999. Disponível em: <https://www.planalto.gov.br/ccivil_03/leis/l9867.htm>. Acesso em: 8 jan. 2025.
BRASIL. Lei n. 10.406, de 10 de janeiro de 2002. **Diário Oficial da União**, Brasília, DF, 11 jan. 2002. Disponível em: <https://www.planalto.gov.br/ccivil_03/leis/2002/l10406compilada.htm>. Acesso em: 8 jan. 2025.
BRASIL. Lei n. 11.101, de 9 de fevereiro de 2005. **Diário Oficial da União**, Brasília, DF, 9 fev. 2005. Disponível em: <https://www.planalto.gov.br/ccivil_03/_ato2004-2006/2005/lei/l11101.htm>. Acesso em: 8 jan. 2025.

BRASIL. Lei n. 12.441, de 11 de julho de 2011. **Diário Oficial da União**, Brasília, DF, 12 jul. 2011a. Disponível em: <https://www.planalto.gov.br/ccivil_03/_ato2011-2014/2011/lei/l12441.htm>. Acesso em: 8 jan. 2025.

BRASIL. Lei n. 12.529, de 30 de novembro de 2011. **Diário Oficial da União**, Brasília, DF, 1 dez. 2011b. Disponível em: <https://www.planalto.gov.br/ccivil_03/_ato2011-2014/2011/lei/l12529.htm>. Acesso em: 8 jan. 2025.

BRASIL. Lei n. 12.690, de 19 de julho de 2012. **Diário Oficial da União**, Brasília, DF, 12 jul. 2012. Disponível em: <https://www.planalto.gov.br/ccivil_03/_ato2011-2014/2012/lei/l12690.htm>. Acesso em: 8 jan. 2025.

BRASIL. Lei n. 13.709, de 14 de agosto de 2018. **Diário Oficial da União**, Brasília, DF, 15 ago. 2018. Disponível em: <https://www.planalto.gov.br/ccivil_03/_ato2015-2018/2018/lei/l13709.htm>. Acesso em: 8 jan. 2025.

BRASIL. Lei n. 13.874, de 20 de setembro de 2019. **Diário Oficial da União**, Brasília, DF, 20 set. 2019. Disponível em: <https://www.planalto.gov.br/ccivil_03/_ato2019-2022/2019/lei/l13874.htm>. Acesso em: 8 jan. 2025.

BRASIL. Lei Complementar n. 123, de 14 de dezembro de 2006. **Diário Oficial da União**, Brasília, DF, 15 dez. 2006. Disponível em: <https://www.planalto.gov.br/ccivil_03/leis/lcp/lcp123.htm>. Acesso em: 8 jan. 2025.

BRESSER-PEREIRA, L. C. **O novo desenvolvimento**. São Paulo: Contracorrente, 2024.

CAMPINHO, S. **Curso de direito comercial**: direito de empresa. 20. ed. São Paulo: Saraiva, 2024.

CARVALHO DE MENDONÇA, J. X. **Tratado de direito comercial brasileiro**. Campinas: Bookseller, 2000. v. 1.

CARVALHOSA, M. **Direito empresarial**. São Paulo: Saraiva, 2021.

CASTRO, A. B. de; LESSA, C. **Introdução à economia**: uma abordagem estruturalista. Rio de Janeiro: Forense Universitária, 2005.

COASE, R. **A firma, o mercado e o direito**. 3. ed. Rio de Janeiro: Forense Universitária, 2022.

COELHO, F. U. **Curso de direito comercial**. 23. ed. São Paulo: Revista dos Tribunais, 2023a. v. 1.

COELHO, F. U. **Curso de direito comercial**. 24. ed. São Paulo: Revista dos Tribunais, 2023b. v. 2.

COELHO, F. U. **Curso de direito comercial**. 21. ed. São Paulo: Revista dos Tribunais, 2024. v. 3.

COMPARATO, F. K. **Ética, direito, moral e religião no mundo moderno**. São Paulo: Companhia das Letras, 2016.

DAVI, R. **Os grandes sistemas do direito contemporâneo**. São Paulo: M. Fontes, 2019.

DELFIM NETTO, A. **O problema do café no Brasil**. Campinas: Edições FACAMP, 2009.

DINIZ, M. H. **Código Civil anotado**. São Paulo: Saraiva, 2021.

FACHIN, L. E. **A função social da posse e a propriedade contemporânea**. Rio de Janeiro: Lumen Juris, 1998.

FAZZIO JÚNIOR, W. **Curso de direito empresarial**. São Paulo: Atlas, 2020.

FIGUEIREDO, M. **Direito societário e mercado de capitais**. Rio de Janeiro: Forense, 2020.

FIUZA, C. **Curso de direito civil**. 24. ed. Curitiba: InterSaberes, 2023.

FORGIONI, P. **A evolução do direito comercial brasileiro**. 6. ed. São Paulo: Revista dos Tribunais, 2023.

FURTADO, C. **Desenvolvimento e subdesenvolvimento**. 5. ed. Rio de Janeiro: Contraponto, 2009.

GAGLIANO, P. S.; PAMPLONA FILHO, R. **Manual de direito civil**. 7. ed. São Paulo: Saraiva, 2023.

GOMES, O. **Contratos**. 28. ed. Rio de Janeiro: Forense Universitária, 2022.

GONÇALVES, C. R. **Direito civil brasileiro**: direito de empresa. 11. ed. São Paulo: Saraiva, 2022.

GONÇALVES, M. H. **Tratamento jurídico das pequenas empresas no Brasil**. Brasília: Jurídica Nacional, 2020.

GONÇALVES NETO, A. de A. **Direito de empresa**. 11. ed. São Paulo: Revista dos Tribunais, 2023.

GRAU, E. R. **A ordem econômica na Constituição de 1988**. 21. ed. São Paulo: Malheiros, 2024.

GUERREIRO, J. A. T. Uma lembrança da época da Lei 6.404. In: BERGER. R.; CARVALHO, R. V. V. de; LEITE, L. B. (Org.). **40 anos da Lei das S.A.**: experiências, histórias e homenagens. São Paulo: Quartier Latin, 2016. p. 89-100.

HOLDSWORTH, W. S. **A History of English Law**. Londres: Methuen & Company, 1922. v. 1.

KEYNES, J. M. **Teoria geral do emprego, do juro e da moeda**. São Paulo: Saraiva, 2012.

LOBO, J. **Direito empresarial brasileiro**. Rio de Janeiro: Forense, 2021.
LUKÁCS, G. **História e consciência de classe**: estudos sobre a dialética marxista. São Paulo: WMF Martins Fontes, 2018.
MACHADO, H. de B. **Curso de direito tributário**. 43. ed. Salvador: Juspodivm, 2024.
MAMEDE, G. **Manual de direito empresarial**. São Paulo: Atlas, 2020.
MARTINS, F. **Curso de direito comercial**. 42. ed. Rio de Janeiro: Forense, 2019a. v. 1.
MARTINS, F. **Curso de direito comercial**. 18. ed. Rio de Janeiro: Forense, 2019b. v. 2.
MARTINS, F. **Curso de direito comercial**. 19. ed. Rio de Janeiro: Forense, 2019c. v. 3.
MIRANDA, P. **Tratado de direito privado**. 2. ed. Rio de Janeiro: Borsoi, 1958. Tomo III.
NICHOLAS, B. **An Introduction to Roman Law**. Oxford: University of Oxford Press, 1976.
NORTH, D. **Instituições, mudança institucional e desempenho econômico**. São Paulo: Três Estrelas, 2018.
OLIVEIRA, D. de P. **Manual de gestão das cooperativas**. 7. ed. São Paulo: Atlas, 2015.
PACHUKANIS, E. **Teoria geral do direito e marxismo**. São Paulo: Boitempo, 2017.
PINHEIRO, P. P. **Direito digital**. 7. ed. São Paulo: Saraiva, 2021.
POCHMANN, M. **Desigualdade econômica no Brasil**. São Paulo: Ideias & Letras, 2015.
POSNER, R. **Para além do direito**. São Paulo: WMF Martins Fontes, 2009.
RANGEL, I. **Ignacio Rangel**. Rio de Janeiro: Contraponto, 2007. v. 2.
REQUIÃO, R. **Curso de direito comercial**. São Paulo: Saraiva, 2019.
RIZZARDO, A. **Títulos de crédito**. 6. ed. Rio de Janeiro: Forense, 2021.
SACHS, I. **Caminhos para o desenvolvimento sustentável**. Rio de Janeiro: Garamond, 2006.
SCHUMPETER, J. **Capitalismo, socialismo e democracia**. São Paulo: Unesp, 2017.
SEN, A. **O desenvolvimento como liberdade**. São Paulo: Companhia de Bolso, 1999.
SILVA, P. R. F. da. **Cooperativas de trabalho, terceirização de serviços e direito do trabalho**. 4. ed. São Paulo: LTR, 2019.
SILVEIRA, N. **Propriedade intelectual**: propriedade industrial, direito de autor, software, cultivares, nome empresarial, título de estabelecimento, abuso de patentes. 6. ed. São Paulo: Manole, 2021.
SMITH, A. **A riqueza das nações**. São Paulo: Edipro, 2021.
STIGLITZ, J. **Os exuberantes anos 90**. São Paulo: Companhia da Letras, 2003.
TARTUCE, F. **Manual de direito civil**. 14. ed. São Paulo: Método, 2024.
TAVARES, M. C.; DAVID, M. D. **A economia política da crise**. Petrópolis: Vozes, 1982.
TEPEDINO, G. **Fundamentos de direito civil**. 5. ed. Rio de Janeiro: Forense, 2024. v. 1.
VEIGA, J. E. **Desenvolvimento sustentável**: o desafio do século XXI. Rio de Janeiro: Graamond, 2006.
VENOSA, S. de S. **Direito civil**: contratos em espécie. 20. ed. São Paulo: Atlas, 2020.
VIVANTE, C. **Instituições de direito comercial**. Gravataí: LZN, 2007.
WALD, A. **Direito civil**. 2. ed. São Paulo: Saraiva, 2015. v. 8.
WALD, A. **Introdução ao direito empresarial**. São Paulo: Revista dos Tribunais, 2021.

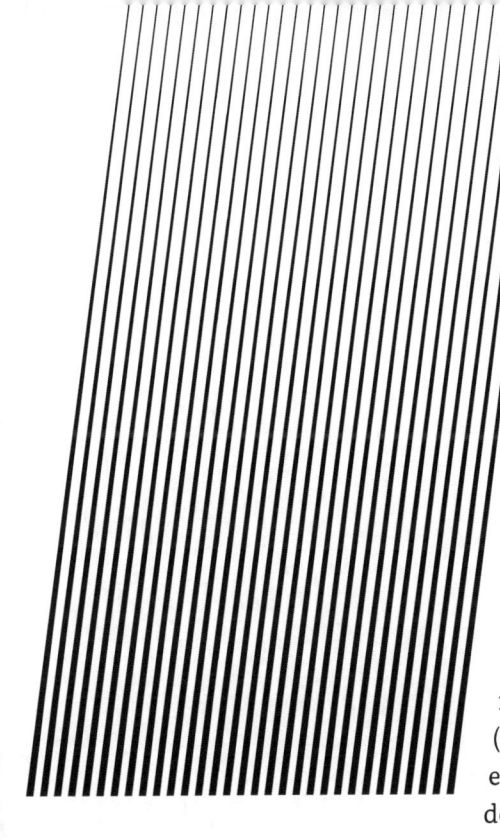

Sobre o autor

Daniel Francisco Nagao Menezes é pós-doutor em Direito (USP) e em Economia (UNESP-Araraquara). Mestre e doutor em Direito Político e Econômico (Universidade Presbiteriana Mackenzie). Especialista em Direito Constitucional e Direito Processual Civil (PUC-Campinas)e em Didática e Prática Pedagógica no Ensino Superior (Centro Universitário Padre Anchieta). Graduado em Direito (PUC-Campinas). Professor da graduação em Direito e Relações Internacionais e coordenador do Programa de Mestrado em Direito, Empresa e Sociedade Contemporânea das Faculdades de Campinas (Facamp).

Impressão: